領域人間関係と
道徳教育

子どものウェルビーイングを目指して

伊藤 理絵・大倉 健太郎・堤 ひろゆき　編著

大学教育出版

はじめに

　2019（平成31）年に新型コロナウイルスによるパンデミック、その後2024（令和6）年に能登半島地震と立て続けに私たちは災害に見舞われた。この間、通貨である円の国際的価値は下がり続け、一人あたりの名目GDPも先進7か国で最下位と日本の経済成長は1％台に留まっている。さらに少子化は歯止めがかからず、VUCA（目まぐるしく変転する予測困難）の時代は「失われた30年」とあいまって現実感を増している。

　他方、欧州では金融危機を経ることで生活の豊かさとは何かを問い直し、「日々の快適さ（hygge）」を好例とする人生観が広く受け入れられている。国際連合と経済協力開発機構（OECD）は足並みを揃え、主観的な幸福感を含むウェルビーイング（well-being）と呼ばれる考え方を浸透させつつある。結果として、これらの概念は社会的地位や名誉に伴う収入などの客観的指標を相対化させている。

　本書は、VUCAの時代のウェルビーイング（幸福・幸福感）を目的に道徳教育を問い直している。古代ギリシアにおいてソクラテスが「善く生きること（living well）」を望んだように、今日において子どもたち一人一人が徳（virtue）を通じて幸せになる（being well）ことを目指した。

　上記をもとに、幼児教育の「領域人間関係」と小中学校の「特別の教科 道徳」を関連づけ、子どもの継続的な成長を重視した構成になっている。また、執筆にあたり、子どもの多様な姿を踏まえて、教育現場の実践家をはじめとし、専門性の異なる様々な研究者が参加することで幅広い視野から検討を加えている。道徳性の発達理論家として著名なコールバーグになぞらえると、子ど

もの姿を脱慣習的段階に留め置くことなく、その先の発達段階を見越した「メタ的」な検討を試みるものである。

　主として保育者、教師を目指す読者の利便性を踏まえ、机上の空論に終わることがないよう実践編を設け、理論編とつなぐことを意識したテキストである。また、各章で学んだことを咀嚼できるように「本章を読みながら考えてほしい問い」やコラム、ワークシートを収録している。とりわけコラムは、これからの社会や時代における幸福（感）とは何かについて考えることができるよう特徴を持たせた内容になっている。

　執筆者一同、本書が子どもたち一人一人をウェルビーイングへと誘う道徳教育に資することを望んでいる。

執筆者を代表して
大倉健太郎

領域人間関係と道徳教育 ── 子どものウェルビーイングを目指して ──

目　次

はじめに ………………………………………………………………………… i

第 1 章　道徳と道徳教育 ……………………………………………… 1
　　1　道徳と道徳教育について　*1*
　　2　道徳教育の目標　*13*
　　3　道徳教育の方法　*19*
　コラム 1　私は私自身とともにいられるか ― 思考と道徳の関係について ―　*25*

第 2 章　道徳教育の歴史 ……………………………………………… *29*
　　はじめに ― なぜ道徳教育の歴史を振り返るのか ―　*29*
　　1　戦前の学校制度と道徳教育　*30*
　　2　戦後の新教育体制における道徳教育　*35*
　　3　「失われた 30 年」と道徳教育の課題　*42*
　コラム 2　誰のための道徳教育か？　*50*

第 3 章　道徳性の発達と教育 ………………………………………… *54*
　　はじめに　*54*
　　1　道徳性の発達研究の動向　*55*
　　2　就学前期（乳幼児期）における道徳性の発達　*59*
　　3　就学前期以降における道徳性の発達と道徳教育　*63*
　コラム 3　道徳性の芽生えと規範意識の芽生えの要領・指針への導入の趣旨とその学術的背景　*74*

第 4 章　幼児教育を踏まえた道徳教育の連続性 …………………… *78*
　　はじめに　*78*
　　1　子ども理解に基づく評価の視点　*79*
　　2　計画性・柔軟性・省察性　*83*
　　3　「手続きの道徳性」を育む　*87*

第5章　道徳科の実践に向けて …………………………… 93
 1 道徳科の目標と内容について 93
 2 道徳科の指導計画について 95
 3 道徳科の評価について 98
 4 道徳科の評価実践に関する提案
   ― 振り返りカードを基にした自己評価を促す評価実践 ― 102
 5 道徳の実践をどう見るか ― 第三者による解説と実践者の補足 ― 106
 6 まとめにかえて―更なる「よりよく生きる」授業となるために― 109
 コラム4 3つの資質・能力の連続性でつながる領域「人間関係」と道徳教育 110

第6章　幼稚園、小学校、中学校における道徳の実践 ……………… 114
 1 幼稚園における道徳の実践 114
 2 小学校における道徳の実践 134
 3 中学校における道徳の実践 144
 コラム5 「学習者主体の教育」の落とし穴？ ― 教師の責任について考える ― 155

第7章　理論と実践の往還 ― 3校種の実践を踏まえて ― ………… 159
 はじめに 159
 1 「あいさつ」から考える道徳教育の連続性 159
 2 幼児教育との連続性のある道徳教育 ― 大人は何を伝えるか？ ― 163
 3 理論と実践が往還する道徳教育に向けて 167
 4 今後の課題 170

索引 …………………………………………………………………… 174

執筆者紹介 …………………………………………………………… 176

第1章

道徳と道徳教育

> ─ 本章を読みながら考えてほしい問い ─
> 道徳が幸せな生き方を考えるためにあるとすれば、あなたはどの立場や方法を支持しますか。それはなぜですか。

1　道徳と道徳教育について

「あなたには将来の目標や理想像はありますか？」

ある雑誌の記事でみかけた読者への問いかけである。この記事によれば、「なりたい自分や人物像を持っている？」の設問に「いいえ」と答えた人が過半数に及ぶ一方で、「自分らしくいる」ことを挙げた人がもっとも多かった。「自分らしさ」を大切にしようとする姿は、周りの誘惑から逃れ、自由な生き方を追い求める今日的な生き方を表している。

自分らしく「どんな人生を歩むべきか」は、古くから続く問いでもあった。例えば、古代ギリシアの社会では、一人の人間として幸せになること（善く生きること）を人生のテーマとして掲げ、道徳的な課題として取り組んだ。言い換えると、その人が十全に生きることは幸せそのものであり、道徳的にも正しいと考えていたようだ。

したがって、道徳は幸せな生き方を考えるためにあるといってよい。そして、道徳教育とは幸せに近づく方法を指す。ある人たちは、知恵や勇気、正義に節制などを「徳（徳性・virtue）」と呼び、これらを身に付けることが幸せ

な生き方への近道だと考えた。また、ほかの人たちは個人の不快感を最小限に抑え、心地よさを最大化することが幸せな人生とみなし、その方策を練った。さらに別の人たちは「自分にしてもらいたいことを、他の人にも施しなさい」といった教えやきまりを「黄金律」や「道徳律」と呼び、自身の幸せのために実践することを教育の場において求めた。

世界中の至るところで近代国家が成立すると、学校を通じて、所属社会の成員（国民・公民・市民）として道徳を身に付けることが教育課題として取り上げられるようになる。個人の幸せと国民としての幸せが同一もしくは不可分とされるのがその特徴でもある。例えば、所属社会において人格形成に必要と認められた徳性を子どもが身に付ける教育を「品性（人格）教育」と呼ぶ[1]。また、他方においては地域社会における「地元愛」といった個人の愛着感を育み、集団や社会における利害調整を通じて帰属意識を高めることで、所属社会の構成員として幸せに生きる教育を「市民性教育（シティズンシップ教育）」と呼ぶ[2]。いずれも、多様で様々な人々が共生共存する現代社会において、公教育の場で幸せに生きるための方法が模索されている。

昨今では、個人の幸せや生きがいを「ウェルビーイング（well-being）」と呼び、国際連合加盟の193の国々が「持続可能な開発目標（SDGs）」の一部として採択している。これに基づいて、日本も「ウェルビーイング」を国全体の教育政策として掲げている。第4期教育振興基本計画（令和5〜令和9年度）では、「日本社会に根差したウェルビーイングの向上」を「多様な個人それぞれが幸せや生きがいを感じるとともに、地域や社会が幸せや豊かさを感じられるものとなる」よう教育を通じて図るとしている。国内において道徳教育は学校の教育活動全体を通じて行われており、また、社会教育をはじめとして家庭教育や生涯学習を含むすべての教育制度において取り組む姿勢を見て取ることができる。

このように根源的に道徳を掘り下げると、これまで人々が「道徳的正しさ」を通じて幸せについて考え、「道徳的正しさ」を実践することで幸せを追い求めてきた姿が浮き彫りになる。道徳教育とは、単にルールやきまりの押しつけではなく、それによって規範や規律などを身に付けることで、人々が幸せを叶

えようとしてきたのだろう。
　本章では、古今東西において、幸せを念頭にどのように道徳をとらえ、実現しようと試みたか考える。そこから、これまでの道徳に対するイメージを広げてもらいたい。

（1）幸福論と快楽主義

　「人はいかに生きるべきか（どんな人生を歩むべきか）」は、古代ギリシアの哲学者ソクラテス（B.C.470-399）が価値ある生き方について立てた問いであり、彼は「善く生きること」と考えた。さらにこの問いに対して、哲学者アリストテレス（B.C.384-322）は「善く生きること」とは幸福であると付け加えている。しかしながら、幸福な人生とは何か、どのような人生を幸せと呼ぶことができるかについては曖昧さが残る。こうして幸せをめぐる議論、すなわち「幸福論（ユーダイモニア）」と「快楽主義（ヘドニズム）」が登場した。
　「幸せ」をめぐる議論は、人生を通じて持つ生きがいと感覚が満たされた充足感の２つから構成されている。「幸福論」を代表するアリストテレスは前者を「持続する幸せ（繁栄・flourishing）」と呼び、後者の「感情的で瞬間的な短い幸せ（happiness）」と区別している。持続する幸せとは自身の人生における幸せを目的に、例えば生きがいをもって「自分磨き」をすることである。特に、「幸福論」は人間が持ち合わせている理性や感性、社会性などの資質・能力（capability）を自身が見極めた上で、上手に使いこなすことを重視している。持ち合わせた資質・能力をしっかりと発達させ、上手に発揮することが幸せな人生へと導く。
　「幸福論」では、さらに「徳」が幸福な人生の鍵を握っている。例えば、友情は他者との関係性を示す徳性の一つであり、他者との関係性を結ぶための「技術」でもある。わたしたちは、大事な他者との関係を「友情」によって結ぶが、誰とでも友情を築くわけではない。様々な相手と関係性を結ぼうとする過程において友情とは何か理解し、友情を特定の誰かと効果的に結ぶことができるようになる。こうして徳は幸福な人生のもとに吟味され、身に付けることができる。

「快楽主義」では、欲求を徳性および道徳的価値として認め、個人の不快感を最小限に抑えながら心地よさを最大化する生き方を幸福な人生と考えた。このことから贅沢をしたい、美食を楽しみたい、地位や名誉を手に入れたいなどの物理的（肉体的）快楽主義が生まれる一方、そこから逃れて質素で穏やかな暮らしや平穏な生き方を求める精神的（禁欲的）快楽主義が登場している。実は、物理的快楽主義と精神的快楽主義は表裏一体である。なぜなら、欲求は「水を飲みたい」など生物として生きるために備わった生得的仕組みであるが、同時に欲求は「水の飲み過ぎは胃腸に負担をかける」など自身の健康や幸せを見据えた知恵や態度を導き出すからである。したがって、快楽主義は欲求を尊重しながらも、欲求がもたらす苦しみや辛さなどの情動を節制することで、心の平静を求めるという一面を持ち合わせている。また、ストア派のエピクテトス（A.C.50-135）は、欲望に打ち克とうとするのではなく、「自分の力の及ぶもの（自分でコントロールできる意見、意欲、欲望、忌避など）だけを手に入れ、保持すること」により幸福で満足した人生を目指すことを求めている。

　幸福論と快楽主義の両者は、幸せな生き方を目的として、自分自身に目を向けることを求めている。前者は自身の持ちうる資質・能力を発揮し、後者は自身の欲求を上手にコントロールしながら生きることを重んじている[3]。両者とも、「人はいかに生きるべきか（どんな人生を歩むべきか）」との問いに対し、幸福な人生に向けて、自身にとって大切な徳性とは何かを知ることを促している。

（2）功利主義

　快楽主義の「心地よさ（快）」の最大化と「苦しみ（不快）」の最小化を踏まえ、個人の快楽の総計を社会全体の幸福とし、社会全体の幸福の最大化（「最大多数の最大幸福」）を目指したのはイギリスの功利主義者ベンサム（1748-1832）である。「最大多数の最大幸福」とは、例えば、公共の場における禁煙によって人々の心地よさの総計が禁煙を強いられる個人の苦しみよりも大きいのであれば、禁煙は道徳的に正しいということになる。つまり、禁煙が善で喫

煙が悪だとあらかじめ決められているわけではなく、社会構成員が感じる快と不快の計算によって禁煙と喫煙の善悪が決まることが重要な点である。

　道徳的に正しい行為か否かは、社会全体の心地よさの最大化と関わっているため、利害や意見の対立解消に有効とされる。功利主義は、公共の場における喫煙の他、電車内の通話を含む公共交通機関のマナー問題や死刑制度の是非など、実社会で起きている幅広い問題の解決を目指す上で実用的とされる。したがって、「禁煙」が人々の幸せを増大することがなければ、「禁煙」は見直され、ルールは改定されるといった具合に柔軟な対応が可能となる。

　「最大多数の最大幸福」を考える上で、しばしば用いられるのが「トロッコ問題・分岐線課題」である。

　「（図1-1のように）制御不能になったトロッコの行く手に五人の作業員がいる。手をこまねいていたら、轢き殺されてしまうだろう。しかし、分岐点のスイッチを押して、トロッコの進路を待避線に切り替えれば五人は救われる。あいにく待避線にはひとりの作業員がいるので、スイッチを押せば、その人は轢き殺されてしまう。」

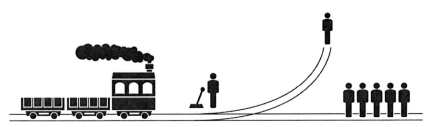

図1-1　トロッコ問題・分岐線課題

　「五人の命を守るのか、それともひとり作業員の命を救うのか」をめぐって、あなたは待避線へのスイッチを押すかが問われている。1人の命を代償に5人の作業員の命を守るのか、それとも5人の命を代償に1人の作業員の命を守るのか。多くの読者は、「最大多数の最大幸福」の原理に従って、5人の命を守ることを優先するだろう。そこで、同じ命の重さを問う課題として「ト

図 1-2　トロッコ問題・歩道橋課題

ロッコ問題・歩道橋課題」を読み進めて欲しい。

「（図 1-2 のように）制御不能になったトロッコが、五人の鉄道作業員めがけて突き進んでいる。トロッコがいのまま進めば、五人は轢き殺されるだろう。あなたはいま線路にかかる歩道橋の上にいる。歩道橋は向かってくるトロッコと五人の作業員のいるところの中間にある。五人を救うには、この男を歩道橋から線路をめがけて突き落とすしかない。その結果男は死ぬだろう。しかし、男の身体とリュックサックで、トロッコが他の五人のところまで行くのを食い止められる・・・この見知らぬ男を突き落として死なせ、五人を救うことは道徳的に容認できるだろうか。」

「最大多数の最大幸福」の原理に従い、今回もあなたは 5 人の命を救うために 1 人の男性を線路へと突き落とすことができるだろうか。おそらく分岐線課題よりも歩道橋課題に戸惑いを感じ、違和感を覚える読者は多いのではないだろうか。分岐線課題と歩道橋課題の比較から垣間見えるのは、「ひとりの命を 5 人の命と引き換えにすることが、あるときは正しく、あるときは間違っているように思える人間心理」であり、感情が思考を圧倒してしまうことである。

分岐線課題と歩道橋課題のどちらにおいても、5 人の命を救うことが道徳的に正しい行為であるようにみえる。しかし、読者のなかには歩道橋課題に違和感を覚え、5 人の命を救うことに二の足を踏んでしまう人もいることだろう。このように、功利主義は感情が「利己的な殺人と、ひとりを犠牲にして一〇〇万人の命を救う行為の違い」を認めることができず、殺人と犠牲を混同

した結果、しばしば命を守ることを妨げると指摘する。つまり、感情は（男が死ぬとわかった上で）計画的で意図的に加える危害や、危害を直接的かつ積極的にもたらすような（突き落とすといった）行動にブレーキをかけることがわかっている。

　功利主義は、犠牲を払いながらも5人の命を救うことが「道徳的に正しい」という立場をとる。自然災害時等における人命救助のあり方や死刑制度の是非、戦争による侵略行為などに対しても、功利主義は現実的な判断と対応を引き出すことだろう。さらに環境保護とエネルギー問題、少子化社会と外国人労働者の受け入れ、地方再生と都市化問題といった対立的な課題等についても、これからの日本社会と人々の幸せを考える上で示唆に富む方法を提供している。

（3）理性主義（義務論）

　理性主義は、「最大多数の最大幸福」が少数者の犠牲を伴うことに懸念を示した上で、単純な幸福論を退け、誰にでも通用する道徳的正しさや普遍的な善について検討している。ドイツの哲学者カント（1724-1804）は、幸せと道徳の関係性をいったん留保し、善いことを認識できる理性とそれに基づく意志による道徳的正しさを追究した。例えば、ある親切な行為が結果的に幸せへと導いたとしても、その行為がいつでも誰にとっても幸せをもたらし、またその行為は道徳的に正しいとは限らない。なぜなら、「親切さ」は見返りや功名心といった下心によっても支えられているからである。そこで、カントは下心といった欲望に振り回されず、善いと認められるものだけを選ぶ理性に従って実践することを要求する。そのため、「親切さ」を利得や名声に役立つ手段としてではなく、目的としてのみ実践されることが道徳としてふさわしいと考えた。

　「親切さ」を手段とせず、目的とするとはどういうことだろうか。手段としての「親切さ」は「相手が笑顔になるために、他人に親切にしなさい」といったように、「笑顔」と引き換えに行われる行為である。反対に、目的としての「親切さ」は「笑顔」に関係なく、ただ「親切にしなさい」とだけ表現され、無条件に自分自身へと義務づけられる。こうした考え方を義務論と呼ぶ。

　カントは、続けて「君の格率が普遍的法則となることを、当の格率によって

同時に欲し得るような格率に従ってのみ行為せよ」と述べ、自分自身の「親切さ」の行動原理（格率）を、いつでも誰にでも通用する時だけ実践するよう求めた。したがって、目的としての「親切さ」とは自分自身の行動原理として実践することであり、時と場合にかかわらず、その行動原理が客観的でなければならない。一般的に、義務は権利の見返りであり、第三者によって課せられている。しかし、義務論では、他人に身を委ねるような存在としてではなく、そもそも理性的な存在である自分自身への義務として自覚することが重視されている。

　カントは、幸せな生き方と道徳的正しさを区別し、私たちは「どうすれば幸福を受けるに値いするようになるべきであるか（幸せな人生にふさわしい、道徳的正しさを求めよ）」と問いかけた上で、幸せな生き方を模索する以前に自分自身を律することを強調する。理性主義は、厳格な生き方を求め、安易な幸福論に目を奪われることを戒めている。

（4）本質主義（ケア論）

　本質主義は、功利主義や理性主義が論理性や客観性に高い評価を与えていることを批判し、道徳における感情やケア（気づかい・思いやり）の重要性を指摘している。アメリカの教育学者ノディングズ（1929-2022）は、論理的思考による道徳的な正しさを父性的な概念と呼び、代わりに母性を基盤としたケアリング（caring）と幸福の追求を主張した。彼女の主張は、「女性らしさ（社会的な性差・ジェンダー）」ではなく、「女性であること（生物学的性差）」に基づいていることから本質主義と呼ばれる。

　ケアリング（ケアの実践）は、ケアする側の思いやりと働きかけ、そしてケアされる側の受け入れと対応といった両者の関係性によって成り立つ。例えば、友情という徳性は、2人が互いの気持ちやニーズを理解し、関心を受け入れ信頼し合うことで成立する。どちらかが一方的な欲求を押し付けられる（もしくは、友人関係を強要される）ようであれば、友情は成立しないし、幸福感が高まることもないだろう。仲の良かった2人の間に喧嘩や仲たがいが生じた場合、両者は互いの関係性を見直すことになる。ケアリングを採用する教師

は、苦しみや痛みを両者が分かち合い、不幸せな経験が友情を回復する契機とすることで2人に対してこれまでとは違った充足感を得るよう促すことだろう。

同様に、「共感」や「つながり」による道徳的正しさを主張したアメリカのギリガン（1936 －）は、女性と男性のくだす道徳的判断が異なる育ち方や道徳性の発達に由来することを明らかにした（道徳性の発達は次節を参照）。例えば、「少年や男性にとっては、母親からの分離が男らしさの発達に不可欠であるため、分離や個別化の問題は性のアイデンティティに深く結びついているのです。（中略）これにたいして少女や女性にとって、女らしさあるいは女性としてのアイデンティティの問題は、母親から分離することや個別化の進行によるものではありません」とし、「母親への愛着」が女性らしさを形成することで、自ずと人間関係や結びつきを重視するようになるとした。さらに、従来の研究では、子どもは口論や葛藤を通じて自律に向けた道徳的判断を伸ばすとしたが、ギリガンは女の子が喧嘩から学ぶことは少ないとした上で、良好な人間関係や関係性の継続を重んじた道徳的判断を行うとしている。つまり、相手を負かすことよりも、「かわりばんこ」や交代といった実現可能な方法によって関係性を安定的に維持しようとすることを意味している。

本質主義は、母性や「愛着」に由来するケアや共感といった感情を重んじ、道徳的正しさや道徳的判断を土台とした上で、子どもの欲求とニーズを大人や教師が調整することを求めている。また、ケアや共感は関係性や結びつきを重視することから、母子分離や個別化（自立や自律）よりも、愛着や相互依存、さらには自己と他者への関心と責任を人生の目的や手段に置くことが幸せへの近道としている。

（5）「ウェルビーイング」と潜在能力アプローチ

ウェルビーイングは心身が満たされた個人の幸福感を指し、「第4期教育振興基本計画」では利他性や協働性、社会貢献意識などの徳性との一定の関係性が認められている。例えば、日本では子どもの幸福感と友だちとの人間関係（友情や信頼）との間には深い関係性がみられる。他方で、物質的で客観的な指標（経済状況や成績など）と子どもの幸福感との間に関係性はほとんど認め

られていない。したがって、友だちや教師との関係性など他者との良好なつながりは、子どもの幸福感との関係において「道徳的に正しい」と言ってよい。

近年では、国際機関（例えば、OECD：経済協力開発機構）を中心に、自己肯定感や個性の伸長、他者との協働や社会性の獲得こそが個人の幸せの源泉とみなされている。また、自分自身の力や個性を把握し、対人関係能力などの伸長を非認知能力や社会情緒的スキルの育成と呼び、国内においてはこうした力やスキルを道徳性の育成の対象に置いている。

アメリカの倫理学者ヌスバウム（1947－）は、ウェルビーイングを念頭に潜在能力アプローチ（ケイパビリティ・アプローチ）を提唱し、一人一人の人間に備わっている潜在的能力を実現可能とする社会を求めている。彼女は、すべての人間が持つ中心的な潜在能力を10項目に分け、性別、年齢、国籍、障害の有無等に関係なく、各自がそれらの能力を少なからず発揮し、個人が手段や道具としてではなく目的として扱われることを求めた（表1-1を参照）。こうした考えは功利主義的な「最大多数の最大幸福」と大きく異なり、誰もがあたり前のように持っている自身の機能や能力に気付き、それらを伸ばし活かすことで幸福感に満ちた人生を自ら選ぶことができる真に自由な社会を目指している。したがって、教育は各自が備え持つ10の潜在的能力に着目し、社会生活の質の向上を目途として、感覚、想像力、思考力、共感力、実践理性を磨くことを重視することになる。

「ウェルビーイング」と潜在能力アプローチは、功利主義と関係性が深い経済成長モデルの社会と決別し、元来人間に備わっている機能的な10の潜在能力を実現可能とすることで、幸せで「道徳的に正しい」生き方につなげようとしている。

表1-1 人間の中心的な機能的ケイパビリティリスト

人間の中心的な機能的ケイパビリティリスト	
ケイパビリティ(潜在能力)	内容
1. 生命	正常な長さの人生を最後まで全うできること。人生が生きるに値しなくなる前に早死にしないこと。
2. 身体的健康	健康であること(リプロダクティブ・ヘルスを含む)。適切な栄養を摂取できていること。適切な住居に住めること。
3. 身体的保全	自由に移動できること。主権者として扱われる身体的境界を持つこと。つまり性的暴力、子どもに対する性的虐待、家庭内暴力の恐れがないこと。性的満足の機会および生殖に関する事項の選択の機会を持つこと。
4. 感覚・想像力・思考	これらの感覚を使えること。想像し、考え、そして判断が下せること。読み書きや基礎的な数学的科学的訓練を含む(もちろん、これだけに限定されるわけではないが)適切な教育によって養われた"真に人間的"な方法でこれらのことができること。自己の選択や宗教・文学・音楽などの自己表現の作品や活動を行うに際して想像力と思考力を働かせること。政治や芸術の分野での表現の自由と信仰の自由の保障により護られた形で想像力を用いることができること。自分自身のやり方で人生の究極の意味を追求できること。楽しい経験をし、不必要な痛みを避けられること。
5. 感情	自分自身の回りの物や人に対して愛情を持てること。私たちを愛し世話をしてくれる人々を愛せること。そのような人がいなくなることを嘆くことができること。一般に、愛せること、嘆けること、切望や感謝や正当な怒りを経験できること。極度の恐怖や不安によって、あるいは虐待や無視がトラウマとなって人の感情的発達が妨げられることがないこと(このケイパビリティを擁護することは、その発達にとって決定的に重要である人と人との様々な交わりを擁護することを意味している)。

6．実践的理性		良き生活の構想を形作り、人生計画について批判的に熟考することができること（これは、良心の自由に対する擁護を伴う）。
7．連帯	A	他の人々と一緒に、そしてそれらの人々のために生きることができること。他の人々を受け入れ、関心を示すことができること。他の人の立場を想像でき、その立場に同情できること。正義や友情の双方に対するケイパビリティを持てること（このケイパビリティを擁護することは、様々な形の協力関係を形成し育てていく制度を擁護することであり、集会と政治的発言の自由を擁護することを意味する）。
	B	自尊心を持ち、屈辱を受けることのない社会的基盤を持つこと。他の人々と等しい価値を持つ尊厳のある存在として扱われること。このことは、人種、性別、性的傾向、宗教、カースト、民族、あるいは出身国に基づく差別から護られることを最低限含意する。労働については、人間らしく働くことができること、実践的理性を行使し、他の労働者と相互に認め合う意味のある関係を結ぶことができること。
8．自然との共生		動物、植物、自然界に関心を持ち、それと関わって生きること。
9．遊び		笑い、遊び、レクリエーション活動を楽しめること。
10．環境のコントロール	A	政治的：自分の生活を左右する政治的選択に効果的に参加できること。政治的参加の権利を持つこと。言論と結社の自由が護られること。
	B	物質的：形式的のみならず真の機会という意味でも、（土地と動産の双方の）資産を持つこと。他の人々と対等の財産権を持つこと。他者と同じ基準に立って、雇用を求める権利を持つこと。不当な捜索や押収から自由であること。

2 道徳教育の目標

　道徳は幸せな生き方を模索することであり、道徳教育とは幸せに近づく方法を指す。その一つの証左は、国内において道徳の教科化の議論が2011（平成23）年大津市で起きたいじめによる中学生の自殺事件に端を発したことにある。事件後、文部科学省に設置された「道徳教育の充実に関する懇談会（以下、懇談会）」において、「道徳教育は（中略）自立した一人の人間として人生を他者とともにより良く生きる人格を形成することを目指すもの（傍点は筆者）」とされ、再確認が行われている。悲惨ないじめ問題を契機として、あらためて他者とともに「人生をより良く生きる」ことを道徳教育の主眼としていることが明示されている。

　しかしながら、それまでも道徳教育は行われていたことから、なぜ効力を発揮できなかったのか振り返っておく必要がある。懇談会によれば、4つの理由が提示されている。

・歴史的経緯に影響され、いまだ道徳教育そのものを忌避しがちな風潮がある。
・道徳教育の目指す理念が関係者に共有されていない。
・教員の指導力が十分でなく、道徳の時間に何を学んだか印象に残るものになっていない。
・他教科に比べて軽んじられ、道徳の時間が、実際には他の教科に振り替えられていることもあるのではないか。

　道徳教育の目指す理念が教育関係者に共有されていないため、教育の内容や方法が蔑ろにされてきたのではないか、という指摘は重く受け止める必要がある。同時に、なぜ道徳教育が軽んじられてきたかを問うべきだろう。

　一般論として、道徳教育は一つ一つのきまりやルールを学び身に付けるという見方が流布している。「廊下を走らない」や「言いつけを守る」といった類

の教え込みが道徳教育のすべてであるかのように受け止められ、結果として「いじめ」の根絶に有効でなければ、道徳教育が軽視されても不思議はない。しかしながら、今日の道徳教育の目標は、「良く（善く）生きる」という理念を前提として、道徳性を備えた人間を育てることにある。つまり、道徳性の育成こそが今日的な目標といってよい。

（1）道徳性の育成

　道徳教育の目標は、平成29年告示の小学校学習指導要領の総則（中学校、高等学校、特別支援学校についても同旨）において、以下のように定められている。

> 　学校教育における**道徳教育は、特別の教科である道徳（以下「道徳科という。）を要として学校の教育活動全体を通じて行うものであり**、道徳科はもとより、各教科、外国語活動、総合的な学習の時間及び特別活動のそれぞれの特質に応じて、児童の発達段階を考慮して、適切な指導を行うこと。
> 　**道徳教育は**、教育基本法及び学校教育法に定められた教育の根本精神に基づき、自己の生き方を考え、主体的な判断の下に行動し、自立した人間として他者と共によりよく生きるための基盤となる**道徳性を養うことを目標とする。**
> 　　　　　　　　　　　　　　　（以下枠内の太字は筆者による）

　道徳教育は道徳性の育成を目標とし、道徳科を中心として学校の教育活動全体を通じて取り組むとされている。それでは、具体的に道徳性とは何か。幼稚園教育要領を参照してみると、以下のように説明されている。

> 　**道徳性の芽生えを培うに当たっては、基本的な生活習慣の形成を図るとともに**、幼児が他の幼児との関わりの中で他人の存在に気付き、相手を尊重する気持ちをもって行動できるようにし、また自然や身近な動植物に親しむことなどを通して豊かな心情が育つようにすること。特に、人に対する信頼感や思いやりの気持ちは、**葛藤やつまずきをも体験し、それらを乗り越えることにより次第に芽生えてくることに配慮すること。**

道徳性の芽生えは、子どもが他者や動植物との関係など日常生活を通じて、信頼や自然愛護といった道徳的価値観に気付く認知構造が備わることを指す。そして、道徳性は認知の発達と同じように、葛藤やつまずきをきっかけとして養われより一層発達すると考えられている。

　アメリカの心理学者コールバーグ（1927-1987）によると、道徳性は他者などとの相互作用によって発達し、段階的に発達すると考えた。彼は、人間の思考や認知の構造は外的世界や生活環境との相互作用を通じて変化するという認知発達の立場に立ち、道徳性も同様に変化すると見なしている。道徳性の発達は、迷いや葛藤など心の内面に不安定な状態が外部から引き起こされた際、心的な不安を子ども自身が克服することで成長するとされる。道徳性は段階を追って発達することから、乳幼児期から子どもが外的世界と接触することが重要とされている。

　コールバーグの道徳性の特徴は、発達段階を上がるに従って、人間の道徳的判断が普遍的かつ規範的な性格を持つようになると指摘した点にある。例えば、発達の第1段階では自身に身近な人の存在や命だけが価値あるものとされるが、第3段階では家族の存在や命が価値あるものとされ、第6段階ではすべての命が等しく価値あるものと考えられ判断される。発達段階の過程のなかで、人間は葛藤や対立的課題を安定させ、首尾一貫した方法で取り扱うようになるとコールバーグは結論づけている。

（2）道徳性の発達段階

　コールバーグは、アメリカの教育学者デューイ（1859-1952）とスイスの心理学者ピアジェ（1896-1980）による発達段階説を参照しながら、自説を3水準6段階で示している（表1-2を参照・コールバーグを参考に筆者が作成）。その際用いたのが「ハインツのディレンマ」と呼ばれる実験である。彼は、以下のような「葛藤場面」を用意し、ピアジェによる発達段階をより精緻化しようとインタビューを実施している。

　　ハインツの妻は重篤な癌を患い、同じ町の薬屋が開発した薬を必要としていま

表 1-2　コールバーグの3水準6段階

発達段階	デューイ	ピアジェ	発達段階	コールバーグ
前慣習的水準 第1段階	前道徳段階および慣習前段階：生物的で社会的衝動に動機づけられ、その結果が道徳的意味をもつような行動	前道徳的段階：規則に対して義務感のない段階	第1段階	罰と服従志向：行為の結果がどのような意味や価値をもつかに関係なく、その行為がもたらす物理的結果（罰の回避など）によって、行為の善悪が決まる。
			第2段階	道具主義的相対主義者志向：正しい行為とは、自分自身のニーズと他者のニーズをバランスよく満たすことに役立つ行為。常に、物理的有用性の点から正しい行為が考えられている。
慣習的水準 第2段階	慣習的行動段階：所属集団の基準に批判を加えることなく、個人が受け入れる段階	他律的段階：正しさとは、規則に杓子定規に従うことであり、義務を力のある者への服従と同一視する段階	第3段階	対人関係の調和あるいは「良い子」志向：良い行動とは、人を喜ばせ、人を助け、また人から承認される行動を指す。「良い子」であることによって承認を得ようとする。
			第4段階	「法と秩序」志向：正しい行為とは、自分の義務を果たし、権威を尊重し、既存の社会秩序を維持することにある。
脱慣習的水準 第3段階	自律的行動段階：所属集団の基準を反省的に検討し、目的が善であるかどうかを自分で考えて判断する段階	自律的段階：規則に従う目的や結果が考慮され、果たすべき義務が相互的で交換に基づく段階	第5段階	社会契約的遵法主義志向：正しい行為は、法の観点が重視されるが、社会的効用を合理的に勘案することにより、法の変更を要求することがある。法の適用範囲外では、自由意志に基づく合意と契約が人間を拘束する義務の要素となる。
			第6段階	正しさとは、人権や人間尊重などの普遍的原理と個人の良心の一致によって規定される。

（筆者作成）

した。しかし、薬屋は薬の開発製造に多額の費用を要したこともあり、原価の10倍の値段をつけ、30万円で販売しています。薬を購入するために、ハインツは借金をしますが、半額しか集めることができません。そこで、彼は薬屋に事情を話し、値段を安くしてくれるか、それとも支払いの先延ばしを頼みました。しかし、薬屋は「これで金儲けをするのさ」と言って交渉に応じてくれません。絶望したハインツは、妻のために薬を盗もうと薬屋に押し入ったのでした。

　先行研究とインタビューの結果、コールバーグによる発達段階説は第1段階において「盗むべきではありません。薬を盗めば刑務所行きです」など、道徳的判断基準が個人の外部に存在し、賞罰によって道徳的正しさが量られる傾向があることを示している。同様に、第2段階では「盗むべきです。ハインツは薬を手にし刑務所行きにはなるけれど、奥さんは助かるかもしれません」など、夫と妻の間における互恵性の観点から、道徳的判断や行為がなされることを挙げている。第3段階では「盗むべきです。妻への愛は何事にも代えがたいものです」など所属集団における社会的評価や期待の観点から、道徳的正しさが模索されている。そして、第4段階では「結婚式で妻を愛し大切にすると誓いました。誓いは永遠です」など、社会的慣習やきまり、法律に照らして道徳的正しさを追求しようとしている。

　第5段階では「妻の命を救うために自分なら盗むかもしれないが、薬を盗むのは間違いだ」とし、ピアジェによる第3段階と重複がみられる。しかしながら、コールバーグは「盗む」という自律的な行動をとるとした人のなかに、「妻の命を救うことは等しく人間の命を救うことであり、同時に自分自身の義務でもある」とする回答に注目している。この見解から、第6段階では（妻であろうが、誰の命であろうが関係なく）人命第一を普遍的な原理や課題としてみなし、救済を自身の義務として考えることを自律的な段階として新たに設けた。

　以上、道徳性の発達はコールバーグの「ハインツのディレンマ」をもとに子どもの発達段階が構想されている。表1-2の3水準6段階は、子どもの発達段階の目安として、またはルーブリック評価軸として用いられている。

(3) 慣習の発達段階

　コールバーグのもとで学んだアメリカの心理学者チュリエル（1938-）は、道徳を社会的な知識や概念として捉え直し、主に慣習領域と道徳領域そして個人領域から構成される領域特殊理論を提唱した。領域特殊理論では、道徳を規則やルールといった慣習領域と個人の自由や意志に関わる個人領域、および権利や正義といった道徳領域とに分類し考察を加えている。

　彼は、子どもの思考や認知の構造が外部の環境との相互作用によって発達すると捉え、各領域に関する子どもの理解の変容に着目している。例えば、「子どもが慣習から逸脱した場合、親や教師などの権威者から規則・期待に従うよう命令されたり、他者から嘲笑されたりする。また学校で決められている規則が家庭では許されていたり、その逆の場合に遭遇する」。こうした体験を子どもは社会的な知識として自ら積み重ね、慣習領域において規則に関する知識を構成していく。また、他者からの反感や嫌悪といった感情から道徳領域において他者への尊重や権利を概念化し、他者からの仕返しや報復といった反応から個人領域においておおらかな態度や我慢などを身に付けていく。

　さらに、チュリエルの領域特殊理論は、子どもの逸脱行為や反抗への理解と対応の一助にもなっている。例えば、慣習領域において子どもは発達段階に沿って、慣習を社会成員同士の結び付ける集団内で共有された相互作用的な知識として捉え、社会成員同士の関係を調整する上で重要な役割を果たすと理解するようになる。こうした過程において、子どもは慣習に関する社会的な知識を積み重ね、その役割への理解を深めるためにルールやきまりに対して受容だけでなく、拒絶することがある。換言すると、ルールやきまりの受容は子どもへの押しつけによっても可能である一方、子ども自身が社会的な知識としての積み重ねを拒否することを意味する。すなわち、ルールやきまりに対する逸脱行為や反抗的な姿勢は、知識の積み重ねをいったん休止することを経て、慣習へのさらなる理解へとつながりうることに留意しておくとよい。

3　道徳教育の方法

平成29年告示の中学校「特別な教科　道徳」の目標において、道徳性の育成のために具体的な教育方法が以下のように明示されている。

> 第1章総則の第1の2の(2)に示す道徳教育の目標に基づき、よりよく生きるための基盤となる道徳性を養うため、**道徳的諸価値についての理解を基に、自己を見つめ、物事を広い視野から多面的・多角的に考え、人間としての生き方についての考え深める**学習を通して、道徳的な判断力、心情、実践意欲と態度を育てる。

道徳性は、まず道徳的価値の理解をもとに、子どもが自分自身に問いかけ、多面的で多角的に考えることで、人として幸せな生き方を模索することで養われるといってよい。それでは、どのように自分自身に問いかけ、多面的かつ多角的に考えたらよいのだろうか。

まず道徳的価値は、平成29年告示学習指導要領「特別の教科 道徳編」「道徳科の内容」の内容項目において示されている。道徳的価値は、内容項目において以下の4つの視点から分類され、おおよその発達的特質に沿って2～3学年ごと（「第1学年及び第2学年」「第3学年及び第4学年」「第5学年及び第6学年」「中学校」）に区切った理解の目安が明示されている。

　　A　主として自分自身に関すること
　　B　主として人との関わりに関すること（例えば、自己と他者）
　　C　主として集団や社会との関わりに関すること（例えば、自分と仲間）
　　D　主として生命や自然、崇高なものとの関わりに関すること（例えば、自分と自然環境）

例えば、「A　主として自分自身に関すること」における「善悪の判断」をみてみると「よいことと悪いこととの区別をし、よいと思うことを進んで行うこと」とし、「小学校第1学年及び第2学年」における理解の発達的特質が示されている。また注意すべきは、「よいことと悪いこと」が具体的に何を指して

いるか、明示されていない点にある。発達段階を考慮し、子ども自らが「自分の内部に自ら規律を作ること」と「外部に対し自分の力で決定すること」に重きを置くことが大切である。したがって、発達段階が上がるにつれて、自身の行動に対して責任を負う、もしくは外部の規律に働きかけることが想定されている。

（1）葛藤を通じた発達

コールバーグによる「ハインツのディレンマ」は、子どもが葛藤を抱えた後、その葛藤を乗り越えることで発達段階が上がることを示唆している（「モラルジレンマ」の授業と呼ぶ）。例えば、「明日、給食を食べる場所をみんなで決めてください」という教師による提案は、普段の教室で一斉に食事していた子どもたちにとって、葛藤を抱えるきっかけとなるだろう。なぜなら「明日の食事場所」と「普段の教室」は相反しており、2つの選択肢からどちらか一方を選ぶ必要が生じるからである。また教師ではなく、自分たちが主体的に食べる場所を選択しなければならないため、子どもたちの間に見解の相違が予見される。

どのような理由によって、子どもたちが葛藤を乗り越え、どの場所を選んだかが発達段階を示すヒントとなる（表1-2を参照）。一つの目安として、自己と集団のバランスを重視したのであれば、その子どもが第2段階にあることを示唆し、「最大多数の最大幸福」の原理に従ってできるだけ多数が満足できる場所を選んだのであれば、おおよそ第3段階にあることがわかる（もちろん、疑いもせずに集団の判断に追随する子どももいるかもしれない）。

教師は道徳的価値を念頭に、「あれかこれか」の選択肢を授業中に示し、子ども自身が選択する過程を通じて、各自の発達を促すことができるというのが「モラルジレンマ」の授業である。また、発達段階（表1-2）をルーブリック評価に応用することで、子どもの発達課題を明示化することも可能となる。

（2）多面的・多角的に考える

外国人や多文化との共生・共存は、少子高齢化社会において避けることがで

きない課題である。また、AI（人工知能）やSNS（ソーシャル・ネットワーキング・サービス）の存在は、社会の発展に不可欠である一方、私たちの生き方に多大な影響を与えている。これらの課題に対応するためには、従来の道徳的価値観を踏まえながら、多様な価値観について理解を深め、幅広い視野から新たな道徳的価値を変革し創造することが肝要である。

その際、手がかりとなるのがチュリエルの領域特殊理論である。彼は、子どもの獲得した社会的知識が、慣習領域と個人領域および領域から構成されていることを前提とし、これらの領域が複数にまたがって発達すること（混合領域）を指摘している。例えば「『図書館係の子どもが貸出禁止の日に親友から貸出を懇願された』というできごとには、貸出のきまりという慣習としての側面、親友からの依頼に応じたいという個人的な側面、皆が図書を公平に借りる権利という道徳としての側面」の3つの領域から、子どもの取り得る判断や行為を整理できる。そして、係の子どもが規則に違反して貸出をした場合、友達の要求に同情した係の子どもの判断を尊重（個人領域に基づく判断や行動）した後に、借りたくても借りられない他の子どもにも目を向けさせ、不公平に関する観点から判断（道徳領域）を行わせてみる。その後、図書貸出という社会的システムを成立させている規則の意義（慣習領域）を考えることもできるだろう。

つまり、領域特殊理論の見方に教師が立つことで、子ども自身が3領域に基づいて判断や行為を吟味（「領域調整」）でき、その結果として物事を多面的・多角的に考えられるようになる。言い換えると、教師が「借りたくても借りられない他の子ども」の不利益に終始するだけでなく、「図書貸出という社会的システム」の改善を念頭に置くことで、「親友からの依頼に応じたい」気持ちを検討し、子どもに自律的な判断と行動を促すことが可能となる。

（3）対立を解決する

「明日、給食を食べる場所をみんなで決めてください」を通じた実践において、もっとも安易な方法は挙手による多数決で決めることだ。しかしながら、教師の役割は道徳的価値を踏まえることにあり、この活動におけるねらいを押

さえることを忘れてはいけない。「公平」や「よりよい学校生活」などの道徳的価値への理解と実践に向けて、子ども同士が「正解」を出し合いながら、お互いの対立を解決することが重要となる。

　ドイツの哲学者ハーバマス（1926－）は、「コミュニケーション行為」を用いて、道徳的価値を念頭に対立の解決を了解や合意によって図るよう提起する。具体的には、彼の考えを参考にしたアメリカの高校における「ジャスト・コミュニティ（公正な共同体としての学校）」への取り組みが挙げられる。マサチューセッツ州にあるクラスター・スクールでは、学校で起きた盗難事件を解決すべく、以下のような合意に達している。

　　盗難事件が繰り返し起きた後、教師は生徒全員が参加するコミュニティ・ミーティングにおいて問題解決するよう提案しました。提案を受けた生徒たちは、盗難は自分のものを放置した当事者の責任であると意見します。生徒の意見を受けて、他の先生が「みなさんは盗みが不正であり、学校コミュニティにおける信頼や安心への侵害だと思いませんか」と問い掛けました。生徒らは「なぜ盗難が起きたかなど心配しても仕方ない」として、盗みに対する罰則規定を作ることで同意しました。しかし、その後も盗難事件が起こります。ある生徒がコミュニティ・ミーティングで「彼女のお金がなくなったのは、みんなの責任です。みんなが学校コミュニティを気にかけないから盗難が起きたのです」と発言しました。そこで被害にあった場合、お金をだしあって、みんなで被害者に弁済するよう提案をします。盗難を被害者の責任とする意見も散見されましたが、妥協案として、被害額を生徒全員で負担することで、学校コミュニティ全体で盗んだ人間に圧力をかけることにしました。その後、3年間盗難は発生しませんでした。

　この盗難事件では、公正や信頼といった道徳的価値に重きを置きながら、学校で起きた盗難事件に対する生徒間の対話と合意形成のあり方を示している。当初、生徒らは盗難が当事者間の問題であり、また規則に対する逸脱であるとした視点や発達段階に立って規則の遵守を求めていたことがわかる。その後、盗難をコミュニティの問題と捉え直し、コミュニティにおいて自身が果たすべ

き義務とは何かという視点や発達段階に立つことで、信頼や安心を取り戻すことに合意している。

　対立を解決しようとする際、大切なことは目指すべき道徳的価値とは何かを教師は自覚した上で、発達段階を目安とし、子ども同士の了解や合意を図ることにある。対立は、起きている問題についてコミュニケーションを取る絶好の機会でもある。同時に、教師は子どもの不安を取り除き疑問に耳を傾け、他人と意見は異なっていたとしても、誰もが傷ついたり心を踏みにじられたりすることを望んでいないことを示すとよいだろう。

＜注＞
1）価値観が複雑かつ多様化する今日、品性（人格）教育は所属社会において何が大切な価値かを明確にし、重要とされる価値観を社会成員が身に付けることを目指している。
2）一般的に、市民性教育は所属社会の成員としてふさわしい「資格」を身に付ける教育を指す。ここでいう「資格」とは、社会的義務や権利の行使、所属社会への愛着や積極的な参加などを含む。
3）アリストテレスの「幸福論」は幸福の実現を国の政治目的としているのに対し、快楽主義は「自然法」の下、幸福を個人の内面のあり方に求める傾向がある。

＜参考・引用文献＞
アーヴァイン，W．B．『欲望について』白揚社、2007年
カント『道徳形而上学原論』岩波書店、1981年
カント『実践理性批判』岩波書店、1979年
ギリガン，C．『もうひとつの声』川島書店、1986年
草郷孝好『ウェルビーイングな社会をつくる』明石書店、2022年
グリーン，J．『モラル・トライブズ（上）（下）』岩波書店、2015年
コールバーグ，L．『道徳性の発達と道徳教育』広池学園出版部、1987年
Domani（ドマーニ・インターネット版）「【100人に体験談を聞いた】なりたい自分になるには？ 実践方法も紹介」
日本道徳性心理学研究会『道徳性心理学』北大路書房、1992年
ヌスバウム，M．C．『女性と人間開発』岩波オンデマンドブックス、2016年
ノディングズ，N．『ケアリング』晃洋書房、2003年
ハーバマス，J．『道徳意識とコミュニケーション行為』岩波書店、2000年
プラトン『ソクラテスの弁明－エウチュプロン，クリトン』角川文庫、1982年
Meyer, Susan S., *How to Flourish: An Ancient Guide to Living Well*, Princeton

University Press, 2023.
ランティエリ，L．ほか『創造的に対立解決－教え方ガイド－』（特非）開発協会・立教大学ESD センター、2009 年

コラム 1　私は私自身とともにいられるか
── 思考と道徳の関係について ──

　2015（平成 27）年 3 月の学習指導要領一部改正によって、道徳は「特別の教科」に格上げされた。小学校で 2018（平成 30）年度に、中学校で 2019（平成 31）年度に全面実施されて以降、すでに多くの実践が積み重ねられている。道徳が教科化される際、要点の一つとしていわれていたのが、「読む道徳」から「考える道徳」への転換であった。だが、そもそも「考える」ことは道徳とどのように結びついているのだろうか。

　この問いを中心的主題とした思想家の一人が、ハンナ・アレント（Hannah Arendt, 1906-1975）である。アレントはドイツ系ユダヤ人の哲学者で、ナチスによる迫害を逃れて、フランス、次いでアメリカに亡命し、戦後はアメリカで活躍した。アレントの思想といえば、教育学においては政治論や公共性論が広く参照されているが、その背後には、彼女自身が身をもって体験した 20 世紀最大の悪、全体主義への一貫した問題関心がある。全体主義とは何だったのか、なぜそれは起きてしまったのか。アレントの思想は、「これはけっして起こってはならなかった」［EU:10］という、重く暗い衝撃のなかから紡がれている。

　アレントが思考と道徳の関係について思索を深めることになった直接的なきっかけは、1961 年のアイヒマン裁判である。この裁判で戦犯として裁かれたアドルフ・アイヒマンは、ナチスの高級官僚であり、ユダヤ人の強制収容所への移送の責任者であった。アレントは裁判を傍聴するなかで、アイヒマンに見られる悪が伝統的な悪の理解とはまったく異なっていることに気付く。すなわち、アイヒマンには、生来の残虐性や邪悪な動機、反ユダヤ主義のようなイデオロギー的信念は見られず、彼の行った悪はそうしたものから生じたのではない。それは、彼が「思考していなかった」という事実から生じたのだ、と。

　　私は、この者に見られる明白な浅薄さにショックを受けた。この浅薄さは、彼の行ないの争う余地のない悪を、何らかのより深いレベルの根源や動機へとさかのぼってたどることを不可能にしていた。〔中略〕彼の過去のふるまいから見いだされる、唯一の際立った特徴は完全に消極的なものだった。すなわち、それは、愚かであるというのではなく、無思考である（thoughtlessness）ということである。［LMT:6、強調原文］

アイヒマンはいわゆる知的エリートで、その意味では決して「愚か」ではなかった。だが、彼は自分の行為の意味や帰結について想像力を働かせることはなかったし、自分の行為を悔いたり考え直そうとしたりすることもなかった。だからこそ、ほとんど良心の呵責を感じることなく、虐殺を「業務」として遂行しえたのである。つまり、アイヒマンは徹底的に「無思考」だったのであり、それこそが全体主義という20世紀最大の悪の核心にあるものだった。ここに示唆されているのは、「無思考であることと悪との奇妙な相互関連」である［EJ:222］。そして、アレントは「善悪の問題、正不正を区別する能力は、私たちの思考能力と結びついているのではないか」［LMT:7］という直感をもとに、思考について考察していくことになる。

「何もしないでただ思考しているとき、私たちは何を「している」のか」［LMT:10］。アレントは、私たちが思考においてどのような経験をしているのかを、認識や判断、意志といった他の精神活動と対比させながら論じている。アレントによれば、思考にはいくつかの特質があるが、ここでは、道徳との関わりという観点から特に重要と思われる特質を2点挙げておきたい。

一つは、思考には破壊性があるという点である。アレントは、思考とは「自分がとらえるものすべてを疑問に付していく」活動であり［LMT:62］、「善悪に関してすでに確立されている基準、価値、尺度を、つまり道徳や倫理において扱われる行動習慣や行動規則」を不断に問い直し、これらを「破壊し蝕む効果」があると述べる［LMT:202］。それゆえ、思考という営みは、通常は社会にとって脅威となるものである。アレントによれば、「危険思想など存在しない。思考それ自体が危険なのである」［LMT:204］。

だが、社会のなかで広く共有された道徳的基準であっても、既存の道徳的基準を自明視することは、私たちの判断や行為を大きく歪めてしまう可能性がある。「汝殺すなかれ」が「汝殺せ」へと道徳的基準が転倒した、ナチスのような社会であればなおさらである。思考の破壊性は、既存の善悪の基準に何の疑問ももたず、熱狂的あるいは無自覚にそれにしたがっているような「特別な非常事態」においては、特に重要な道徳的意義をもつことになる［LMT:223］。

もう一つは、思考は「自己との一致」を重視する活動だという点である。何かについて深く考えているとき、「いまの自分の姿は、周りの人から『心ここにあらず』の状態に見えるだろうな」と思ったことはないだろうか。私たちは、周りで起こっている出来事やそこにいる人々からは距離をとって、「自分だけの世界」に入らなければ、うまく思考することができない。とはいえ、思考における「自分だけ」は、単に「一人でいる」こととは異なるとアレントはいう。思考において行われるのは「私と私自身」の内的対話であり、「私は、私であると同時に、私とともにいる」という、

「一者のなかの二者」の状態になっているからだ。「私と私自身という二者性があるからこそ、思考は真の活動たりうる」［LMT:215］。すなわち、思考が深められるためには、私の問いに私自身が答えを与え、さらにその答えを私が吟味し、それによって新たに生まれた疑問を私自身に改めて問いかけ、……というように、私と私自身の間で対話が続くことが必要なのである。さらにいえば、この2人の自己が友人関係であることが求められる。というのも、対話というものは、異なる見方や考えをもつ者同士で行われてはじめて意味があるし（完全に同じ人格の間の対話は無意味だし、そもそも対話にならない）、また同時に、両者が調和的な関係になければ対話は成り立たないからである。

　このことは、思考の基準が「自己との一致」にあり、思考によって特定の行為が制限される可能性を示唆している。思考することを生涯にわたって完全に放棄してしまわない限り、私は私自身とともにいなければならない。もし、私が何か悪事をなしてしまったら、私は思考において悪人とともにいなければならないというわけだが、そのようなことを望む人はいるだろうか。つまり、思考には、悪事をなすことを妨げる効果があるということだ。

　アレントはこうした議論をふまえて、思考におけるもう一人の自己こそ、良心と呼ばれてきたものだと論じる。ただし、良心が「何をなすべきか」について語ることはない。それはただ「そんなことをすれば、私は私自身とともにいることはできないから、○○することはできない」と語るのみである。すなわち、良心が導くのは、何らかの行為を担うことではなく、拒否することなのだ。しかし、このように「自己との一致」を重視することは、やはり「特別な非常事態」においては特に大きな意義をもつといえよう（ここで念頭に置かれているのは、ナチスへの協力や服従を拒んだ人々のことである［RJ:79]）。

　私は私自身とともにいられるか。この思考の問いが道徳の問いでもあることは、道徳や倫理は他者との関係を規定するものであるという、多くの人がもつイメージからすれば奇妙に響くかもしれない。しかも、思考は通常の社会においては停滞や破壊をもたらすものでもあり、危険ですらある。ここまで見てきたように、思考とは不断に「考え直す」ことであり、この世界のあり方や他者との関係には、あまり関心を払わないからだ。だが、「自己との一致」を重視する思考には、確かに固有の道徳的意義がある。停滞や破壊と見なされてきたもののなかに、そうした意義ある思考を見いだすことはできないだろうか。教育の場面においても、子どもの言いよどみや沈黙、「協調性」のなさとして見られてきた言動のなかに、思考の断片を見ることはできないだろうか。「考える道徳」への転換がいわれる今、私たち自身の思考への向き合い方が問われている。

※Hannah Arendtの日本語表記については、「ハンナ・アレント」「ハンナ・アーレント」「ハナ・アーレント」等、複数の訳出がありうる。本書では、基本的に「ハンナ・アレント」と表記し、参考文献の出典を示す際には、各訳者の訳出にしたがっている。

<参考文献>

ハンナ・アーレント（大久保和郎訳）『イェルサレムのアイヒマン（新装版）』みすず書房 1969年（本文中ではEJと略記）

ハンナ・アーレント著、ジェローム・コーン編（齋藤純一・山田正行・矢野久美子共訳）『アーレント政治思想集成1』みすず書房 2002年（本文中ではEUと略記）

ハンナ・アレント（佐藤和夫訳）『精神の生活（上）』岩波書店 1994年（本文中ではLMTと略記）

ハンナ・アレント著、ジェローム・コーン編（中山元訳）『責任と判断』筑摩書房 2007年（本文中ではRJと略記）

第2章
道徳教育の歴史

―― 本章を読みながら考えてほしい問い ――
①今を生きるあなたが大切にしていることは、道徳教育の中でどのように学び、身に付けてきたと思いますか？
②それは、いつから、どのように道徳教育に取り入れられてきたと思いますか。それはなぜですか？
③あなたはこれから何を大切にしていきたいと思いますか？

はじめに ── なぜ道徳教育の歴史を振り返るのか ──

　本章では、現代の道徳教育への理解に資するため、近代日本の学校制度下において展開した道徳教育の歴史を概観する。なぜ、現代の道徳教育を考えるというのに歴史を検討するのか。それは、現在の状況そのものが、それ以前の状況に規定されているものだからである。つまり、現在というのは歴史的産物であるため、ということになる。本書の中でも論じられているように、「道徳」というのは唯一不変の解を持つものではない。その時々の、それぞれの社会の中で変化するものである。そのため、それぞれの状況下で行われる「道徳」の教育もまた、変化する。このことは、道徳教育を考えるために、まず足下を見なければならないことを意味している。私たちが当然視している道徳教育は、いかなる歴史的制約の下に成立し、営まれているのか。以下では、現在的な問題として道徳教育の歴史をたどってみたい。

1　戦前の学校制度と道徳教育

（1）近代的学校教育の開始にともなう道徳教育

　近代国家日本の範囲内において、統一的なルールに基づいて学校制度を整備したのが、1872（明治5）年の学制である。西洋近代の学校制度を大いに参照して作られた学制は、実現可能性はともかくとして、それまでの徳川幕府体制以前には見られなかった学校制度を創出した。学制とほぼ同時に発布された「学事奨励に関する太政官布告――被仰出書」では、「学問ハ身ヲ立ルノ財本」として学問を身に付ける必要性を立身出世という目的に帰し、「必ズ邑ニ不学ノ戸ナク、家ニ不学ノ人ナカラシメン事ヲ期ス」としてすべての個人に学問が普及するべきであることを宣言した。

　明治政府にとって急がれたのは、学校教育を通じた近代的国民の創出である。その当時の日本政府が置かれていた状況は、国外においては列強諸国との外交関係の樹立、すなわち国際関係の構築であり、国内においては政権の安定が急務であった。国際政治の舞台に躍り出た日本政府がまず整えなければならなかったのは、主権・領土・国民を要素とする近代的主権国家としての体裁である。この三要素のうち、主権は天皇主権を主張することで満たした。すなわち、天皇は神代の時代から連綿と日本を統治する存在であり、そこに暮らす人々（臣民）は遥か昔から天皇を敬い従ってきた。これが「国体」であり、天皇が存在するということは臣民が天皇に従い続けてきたことの証左なので、天皇による統治は臣民による支持を得ている。そのため、天皇による意志決定は人々の支持に基づくものである、というわけである。当然ながら、天皇が国家に関するすべてのものごとを立案・決定するわけではない。そこで、政府が天皇の統治を助けるという位置づけで、実際的な統治を行う。明治政府は、主権国家の建付として天皇主権を掲げたが、実際の統治原理としては西洋近代の近代的個人観に基づく国家統治理念を採用しようとした。

　そのため、主権国家の三要素のうち、国民には二重の規範が要請された。第一に、「国体」に基づく臣民としての国民像であり、第二に、近代的思考に基

づく行動を取ることができる国民像である。学制以降、まず優先されたのは近代的思考に基づく国民の形成であった。

　江戸時代以前においては、個人は身分制によって集団に埋め込まれていた。公的な義務負担は集団に対して課せられたため、集団（例えば、村）そのものを維持するための義務は個人に課せられていたと同時に、仮に個人が義務を分担できなくなったとしても集団の中でカバーすることができていた。しかしながら、明治政府が目指した近代的個人に基づく国家統治のためには、公的義務を各個人に課す必要が生じる。具体的には、納税と兵役の義務が課せられた。学制以降の近代教育の普及は、公的義務を負担する個人を創出するために求められたのであり、江戸時代後半以降に登場した「通俗道徳」を全国一律に普及・定着させる効果をもたらしたといえる。「通俗道徳」とは、社会的経済的成功は各個人の努力の結果であり、社会的劣位・経済的困窮は当人の努力不足によるものであるという考え方である。「学問」を立身出世の「財本」に位置づけたことで、個人が学校での教育による競争に参入させられていった。

　道徳と関わって現代にまで影響を及ぼしている制度の一例は「家」制度である。明治政府が社会集団の基本単位としたのは「家」であった。「家」は戸主を中心とする人的関係であり、1896（明治29）年、1898（明治31）年の民法によって法制度が整えられた。これにより、個人は「家」を通じて国家との関係に位置づけられた。

（2）修身科の重視と道徳教育論争

　日本の学校での道徳教育において、かつては重視されたが現在は存在しない「修身科」という教科があった。修身科は、1880（明治13）年の教育令改正以前は筆頭科目ではなく、他の科目が優先されていた。これは、読み・書き・算という基礎的なリテラシーの獲得と、それに基づく西洋近代的な理念の獲得を優先して国民に求めたためであった。しかしながら、「国体」を規範原理とする国家形成の立場からは納得がいかない。それにより生じたのが、天皇の指示を受けた元田永孚起草の「教学聖旨」（1879（明治12）年）を嚆矢とする論争である。「仁義忠孝」を重視した徳育を主張した「教学聖旨」に対し、西洋

近代的な理念を重視する伊藤博文は「教育議」によって反論し、元田は「教育議附議」により再反論するなどして、国民が従うべき規範の路線対立が表面化した。結果的には、教育内容は西洋近代的思考に基づきつつも、復古主義との妥協によって教育が形づくられていった。従うべき規範の乱立と混乱の中で、西洋式の道徳規範の紹介等も盛んになされ、種々の論者によって多くの道徳教育論が提出された。これは「徳育論争」と呼ばれている。修身科が筆頭科目となったのは、こうした政権内部での綱引きと妥協の過程があった。

(3)「教育ニ関スル勅語」の発布

　前述したような混乱状態に対し、一つの解決策を提示しようとしたのが、1890 (明治23) 年10月に出された「教育ニ関スル勅語」(「教育勅語」) であった。「教育勅語」は、法体系内に位置づけられない「教育についての天皇の考えを表明した社会的著作」として出された。以後、「教育勅語」は、教育を規定する法制度には位置づかないものの、教育全般を規定する規範として機能するようになる。

　「教育勅語」の起草には井上毅が中心となり、内容面では周到な注意が払われている。「万世一系」の「国体」から説き起こされているが、宗教的な内容には触れないように配慮がなされ、12の徳目も一見すると常識的な内容に見える。実のところ、「教育勅語」の徳目は当時にしても目新しいことはほとんど提示されておらず、すでに社会に広く浸透しつつあった「通俗道徳」的な内容と適合的なものである。では、「教育勅語」は当時ですら当然の内容を表明したにすぎないかといえば、そうではない。「教育勅語」が新しかったのは、一般的に実践されている（通俗）道徳を、「皇運ヲ扶翼スヘシ」との目的に収斂させたことである。教育の目的を個人の成功に置くことに止めず、教育が目指すべき〈よさ〉を個人の成功から「皇運ヲ扶翼ス」ることに再定義したのである。「教育勅語」に基づく道徳的実践は、日常生活のレベルでは大きな変更をもたらすものではない。他方で、学校教育を含めた教育全体としては、国家目的の達成に諸実践を収斂させたことで、大きな影響を与えることになった。

　「教育勅語」に基づく（道徳）教育は、1902（明治35）年に発覚した全国規

模の汚職事件である、教科書疑獄事件によって強められることになった。この事件は、検定教科書の採択をめぐる出版会社と採用担当者との癒着が明るみになったものであり、これを機に文部省は教科書を国定化し、修身科教科書から実施された。国定教科書の使用は、「教育勅語」の規範を画一的な内容として授業に反映させることになった。

（4）日露戦争・第一次世界大戦による道徳教育への影響

　1904（明治37）年から1905（明治38）年にかけて日露戦争が、1914（大正3）年から1918（大正7）年にかけて第一次世界大戦が起こった。日本社会に対する戦争の影響は大規模かつ多岐にわたるが、道徳教育にも影響を与えた。

　日露戦争は、それ以前の日清戦争等と比べて、財政的・人的・物的な大規模動員が行われたにもかかわらず、戦後賠償金が得られなかった。そのため、特に農村部への経済的打撃が甚だしく、政府も人々も経済的疲弊への対応を迫られた。その方策の一つが「戊申詔書」（1908（明治41）年）による勤倹節約の奨励と、内務行政が主導する「地方改良運動」であった。これにより、公的な補助や救済を求めるのではなく、自分たちで窮状を乗り越える「自助」が社会的に〈よりよい〉こととされた。

　また、日露戦争は、大量の人員を動員したため、陸軍による師団増設および戦時編制の変更をもたらした。すなわち、現役兵として常備兵を増加させると同時に、戦時の戦力を予備役によって調達する方針に変更した。この変化は、戦争でない状態の時には一般社会で生活しながらも、戦時には召集される人員を大量にプールするものである。これは、第一次世界大戦と相まって社会における道徳に以下のような大きな影響を与えた。

　1914（大正3）年に勃発した第一次世界大戦において、日本は大規模な戦闘に参加することがなかった。しかしながら、社会的には大きな影響を受けている。当時のヨーロッパにおける同盟関係により、芋づる式に参戦国が増加した第一次世界大戦は、当初は数か月で終結するという予想に反して4年近くの長期戦になった。第一次世界大戦で重要なのは、総力戦という戦争形態が出現したことである。総力戦とは、すべての物的・人的・制度的資源を戦争遂行のた

めに投入して戦われる戦争である。それまでの戦争では、戦争のための準備を整え、時期を見計らって開戦し、形勢が決定的と判断されれば講和に持ち込んで終結していた。ところが、第一次世界大戦では同盟関係に基づいて戦争が継続されたため、単独講和ができない状況にあった。当初の予想を遥かに超える規模により、事前の戦備は早々に尽きたが、各国はそれぞれの判断で停戦することができない。そこで、戦争に必要な人員や物資を国内で優先的に生産して前線に送ることで戦争が続けられた。このような体制が整えられたことで、戦争はいずれかの陣営が戦争遂行不能になるまで、つまり、生産が不可能になるほど打撃を受けるまで継続することとなった。当然、社会には多大な負担を強いるので、各国は早期の終結を目指して毒ガスや航空機、戦車、潜水艦等の新兵器を開発・投入したが、そのことが損害をさらに拡大させた。

　日本は直接の損害こそ少なかったものの、陸海軍を中心に戦争の推移についての研究を進めており、将来の戦争では総力戦になると予想していた。そのため、日本社会全体として、戦争になったときにはすべての資源を戦争遂行のために動員できる体制、つまり、総力戦体制を構築することが課題となった。総力戦体制は、戦争に至る以前の社会を計画的に統制することで、戦争時に計画的な動員を可能にする社会を構築することを意味している。それにより、各個人がそれぞれにとっての〈よりよさ〉を求める自由を認める個人主義や、各自が自由に社会活動に取り組めば、社会は全体としてよりよくなっていくという自由主義的な考えは忌避され、政府の計画に即した社会活動を、各個人が余すことなく実行する「自助」がより強く求められていくこととなる。

(5) アジア・太平洋戦争下での道徳教育

　1931（昭和6）年9月、柳条湖事件を契機として日本の関東軍は中国東北部の満洲において戦闘を開始し、占領した満洲事変が勃発する。以降、上海事変、満洲国建国（1932（昭和7）年）、国際連盟脱退（1933（昭和8）年）と一連の出来事が生じ、盧溝橋事件（1937（昭和12）年）で日中が全面的に戦闘状態に入る。中国大陸での戦争状態に引き続いて、1941（昭和16）年12月には英米とも開戦し、アジア・太平洋の広大な地域を戦域とする戦争へと進ん

でいった。戦域からアジア・太平洋戦争とも、期間から十五年戦争ともいう。

　国内では、1934（昭和9）年から天皇機関説を支持する憲法学者の美濃部達吉を「国体」に反するとして排撃する論調が登場し、国体明徴運動が生じた。この運動の流れの中で、文部省教学局が編纂発行したのが『国体の本義』(1937年) である。同書では、「国体」を「大日本帝国は、万世一系の天皇皇祖の神勅を奉じて永遠にこれを統治し給ふ。これ、我が万古不易の国体である」[1] と定義し、「国体」の本質を学問的に立証しようとした。また、個人主義、民主主義や自由主義を「国体」にそぐわないものとして否定した。同年に開始された国民精神総動員運動によって国民の戦意高揚が喧伝される中で、同書への批判はタブー視されていくことになる。

　教育制度も、1937年から1942（昭和17）年まで置かれた教育審議会において「皇国ノ道」に基づく教育への改革案が審議され、1941年から小学校を国民学校と改めて「皇国民錬成」の機関としたほか、修身・国語・歴史・地理を「国民科」へと統合した。また、1939（昭和14）年5月に「青少年学徒ニ賜ハリタル勅語」が下賜され、児童生徒の戦意高揚、思想統制が行われた。

　これら戦時下の教育における道徳として重要なのは、戦意高揚のプロパガンダや政府に従うことが個人において受け入れられていたか否かではない。むしろ、「聖戦」や「国体護持」といった公的に掲げられた〈よさ〉に、自覚的であれ無自覚的であれ合わせていったことが、結果として総力戦体制を駆動させたということである。

2　戦後の新教育体制における道徳教育

(1) 終戦直後の修身科授業停止

　1945（昭和20）年8月、日本政府はポツダム宣言を受諾し、同年9月2日の連合国への降伏文書調印によって敗戦を迎えた。同年8月、9月以降、教育の戦時体制は停止、平時の教育に戻るように文部省は指示を出した。しかしながら、10月には「日本教育制度ニ対スル管理政策」の指令、12月15日付「国家神道、神社神道ニ対スル政府ノ保証、支援、保全、監督並ニ弘布ノ廃止ニ関

スル件」同月31日付「修身、日本歴史及ビ地理停止ニ関スル件」が占領軍から相次いで出され、復旧ではなく新たな教育の模索が求められていった。

　1945年9月以降、教育を再開するに当たって、戦意高揚や軍国主義的な内容に基づく教育内容は行われないこととなったので、新たに教科用図書および教師用図書を作成しなければならなくなった。とはいっても、物資が欠乏し、内容も即座に用意できるものではない。そこで、既存の第五期国定教科書の一部を削除して教育を行った。これが、「墨塗り教科書」と呼ばれるものである。墨塗り箇所は1946（昭和21）年1月から2月頃には各学校まで指示が届き、子どもたち自らの手で墨塗りが行われた。敗戦以前の教科書は、絶対的に正しいものであり、特に大切に扱われていた。まさにその同じ教科書に、同じ教師の口からなされた指示によって、子ども自身が墨を塗り、内容を否定していく。当時の教師や子どもたちによる多くの回想に、この墨塗りについて虚脱感ともいえる感想を記しているのは、単に学校で教えられていた正しさの問い直しにとどまらないことを意味している。すなわち、真面目に教育に取り組み、真摯にその内容を身に付けていればいるほど、自分自身が努力して身に付けてきた〈よさ〉を否定することになる。1946年度からは、「仮とじ教科書」や「折りたたみ教科書」と呼ばれる応急的な教科書が発行され、使用された。

　三教科のうち、地理は1946年7月、日本歴史は同年10月に、授業が再開された。修身科は「公民科」となる計画であったが実施されなかった。敗戦から1946年度に至るまでは、いまだ日本国憲法も教育基本法も施行されていない。そのため、戦争遂行のための教育の停止にとどまらず、その後の教育における、民主主義や平和主義といった公的な〈よさ〉の積極的な提示が不十分な時期であるといえよう。社会体制の変革や価値観・方針の転換による不安に加えて、否定されるべき価値は示されつつも、従うべき価値が示されない不安定な時期であった。

（2）「社会科」による道徳教育

　日本における近代学校制度の発足から70年以上の蓄積を経て、1946年以降は新たな教育の模索に入った。教育の転換による混乱がすぐに収まるものでは

ないとはいえ、1947（昭和22）年4月1日の教育基本法施行、同年5月の日本国憲法施行により、「文化国家」「民主主義」「平和主義」の方針が法制度上規定された。その内実は議論が積み重ねられていくことになるが、さしあたって、道徳の目的として制度的に目指すべき〈よさ〉に言葉が与えられたことの意義は大きい。そしてまた、教育における道徳を「皇運」に収斂させていた教育勅語は、1948（昭和23）年6月に排除・失効が衆参両院で決議された。

　戦後日本の理念を実現するために、どのような教育を行えばよいのか。旧教育基本法前文での、「民主的で文化的な国家を建設して、世界の平和と人類の福祉に貢献しようとする決意を示した。この理想の実現は、根本において教育の力にまつべきものである」という宣言の通り、「民主的で文化的な国家」のためには、どのような人を育てる必要があるのか。教育勅語が失効し、教育の目指すべき理念が定められたといっても、その時点において実際に教育現場で子どもたちと向き合う教師たちの誰一人として経験したことのない理念である。そのため、理念の実現に向けた取り組みは、手探りの状態であった。

　教育課程としては、地理、歴史、公民は「社会科」に統合され、科学的な認識に基づいて、民主的、平和主義的国家の形成者としての国民を育成することが目指された。すなわち、地理、歴史等の社会科学そのものを学ぶというよりも、実生活に根差した社会科によって社会科学的素養を身に付けることにより、社会を主体的に支える市民としての主体形成が目指された。旧教育基本法に掲げられた「個人の尊厳」「人格の完成」という目的は、社会科を中心とする経験主義的なカリキュラムによって達成されることが期待されたのである。そのため、道徳教育は教育活動全般を通じて行われる「全面主義」とされた。全面主義による道徳教育は、現在も変わっていない。しかしながら、先述のように、教師も保護者も子どもたちも、そのような教育を受けてはいなかった。そこで文部省は、教育内容の基準としてではなく「手引き」として活用されることを期待して、1947年に「学習指導要領（試案）」を示した。この「試案」は、実際の社会生活から起き上がる課題による学びを、教師と子どもたちとが創りあげられるように、背中を押すという色合いが強い。

　この新カリキュラムに基づく教育は「戦後新教育」と呼ばれる。たしかに、

経験主義的な戦後新教育は、地域社会と学校教育とが協働し、社会を担う構成員としての子どもの資質を養成しつつ、地域社会の問題解決にも資するような著名な実践や効果をもたらした。とはいえ、多くの場合には何をどのようにして「教えれば」よいのかが明確ではないまま「はいまわる経験主義」などと批判されることにもなった。

このように、戦後新教育への評価は見方によって変わるものである。しかしながら、道徳教育という観点からすれば、現在の「考え、議論する道徳」の源流の一つであるといえよう。どのような社会に生きていたいのか、その社会での〈幸せ〉とは何だろうか、その中でどのような〈私〉でいたいのか。この当時、こうした問いを明示しうる実践が少なかったとしても、地域社会や子どもの生活から問題を起ち上げ、自分たちで自分たちの〈幸せ〉を追求するような道徳教育を展開する可能性を持った時期であった。

(3) 特設「道徳の時間」

1950（昭和25）年の朝鮮戦争により、日本社会は大きな転換点を迎えた。一つには、戦争特需による戦後復興の加速である（朝鮮特需）。地理的に国連軍の補給基地となった日本では、戦争遂行のための物資やサービスへの需要が一気に増大し、短期間での経済復興を促した。

もう一つには、アメリカによる対日占領政策の転換である。朝鮮戦争へのアメリカ軍の投入によって日本国内の軍備が手薄になることから、1950年に警察予備隊が発足し、1952（昭和27）年4月のサンフランシスコ平和条約による独立回復後、同年10月には保安隊に改組された。1953（昭和28）年の日本側特使・池田勇人と、アメリカ国務次官補・W. ロバートソンによる日米の防衛問題についての会談（池田・ロバートソン会談）によって、日本の再軍備化が合意に至った。その後、1954（昭和29）年に自衛隊が発足している。

一連の流れで重要なのは、東西冷戦構造の中で、日本は西側陣営の一翼として東側陣営に対峙しなければならなくなったということである。これは、軍事力の法的位置づけの問題にとどまらず、「愛国心」の問題でもあった。すなわち、資本主義的な社会体制における富の増大と経済成長が〈よさ〉であり、幸

福につながることを国家的な前提とし、その体制を採る国を支えることが「国を愛する」こと、つまり個人における道徳の前提になったのである。資本主義がよいか、社会主義・共産主義がよいか、といった思想的な対立を含みつつ、憲法による戦争放棄規定との整合性は、現在においても問われ続けることとなった。

　教育課程においては、1958（昭和33）年に学習指導要領が改訂され、「試案」の文字が取られて法的拘束力を付与された。同時に、社会科の時間を中心にしていた道徳教育を変更し、「道徳の時間」が特設された。「道徳の時間」の内容は36項目に細分化され、社会科学的認識に基づく市民育成という教育課程編成から、「道徳の時間」の内容項目を習得することが求められた。生活に根差した社会認識の形成から、公定の内容項目に基づく道徳教育への変化や「愛国心」の規定も重要な変更点であるが、「考え、議論する」という観点からはより重要な変更といえる。社会科を中心とする道徳教育では、目指すべき社会やそのなかで目指される〈よさ〉、実現すべき〈幸せ〉というものは、地域社会と学校、子どもたちや具体的な人々との相互関係によって探され、絶えず検証と修正がなされる過程を含んでいる。しかしながら、公定の内容項目に基づく道徳教育においては、目指すべき社会像やそこでの〈よさ〉というものはすでに決定されており、「考え、議論する」余地はそこにない。では、何を「考え、議論する」ことができるのかというと、内容項目を個人としてどうやって身に付けるか、あるべき社会像のために、各個人がいかにして貢献できるか、である。

　道徳教育の内容が学習指導要領によって規定されたことは、「考え、議論する」幅を狭めたというだけではない。道徳教育で何を教えればよいのかがわからない教師にとっては、ゴールと具体的な内容を示してくれるものでもあった。他方で、子どもや地域社会から課題を起ち上げる実践を志向する教師にとっては、決められたゴールと自身の理想との間での実践を試行錯誤しなければならないという、ある意味での枷にもなったのである。

（4）「期待される人間像」

　少し時間を戻し、1950年の文部大臣・天野貞祐の道徳観をみよう。天野は、戦前・戦中期の全体主義を、「個人の品位と尊厳」が蔑ろにされていたと批判した。しかしながら、「個人をもって唯一の実在となし国家をもって単に個人の生命財産を保護しいわゆる幸福を増進するための方便だと考える個人主義は、国家をもって唯一の実在となし個人をもって単なる方便と考える全体主義と同じく誤った見解」だと、「個人主義」に振り切ることも批判する。ここで注目したいのは、全体主義と個人主義の是非ではなく、国を前提とする個人という関係である。「個人の品位と尊厳」も大切だが、国あっての個人なのだから国家に資することも大切だ、というのは、もっともにも思われる。

　こうした考えは総力戦体制による国家統制と親和性が高い。統制というと強い言葉に感じられるが、要するに個人を超えた大きな目標を国家が設定し、その目標達成の枠の中で個人が最大限努力するということである。戦前においては「軍国主義」化が注目されがちであるが、総力戦体制の主眼は生産関係、経済、思想の動員にあった。敗戦によって「軍国主義」は理念の上で否定されたが、戦後においては国家目標が経済成長に置き換えられ、その達成を前提として個人が努力すべきであるという発想は連続したといえる。

　こうした、国家目標の達成を最上位に置く個人の道徳観は、高度経済成長期を支えることにもなった。急激な経済成長により生活は目に見えて日増しによくなっていく。社会全体の豊かさが増大していくことにより、個人の不足や問題は、さらなる成長によって解消されるか、少なくとも見えづらくなる。つまり、今後もさらに豊かになるだろうから問題も解消していくはずであると、肌感覚として感じられた時代であった。この高度経済成長は、自由競争のみによってもたらされたものではない。政府主導の多くの公共事業投資や、対外貿易による恩恵を受けてのものであった。

　急激な経済成長は貧富の差を拡大させ、先述の国際情勢における日本の位置づけの変化とあいまって、学生による政府への抗議活動が盛んに行われるようになった。1960年代から1970年代にかけての日米安保闘争を契機とした学生運動の高まりである。学生運動の多くは社会主義・共産主義思想を掲げて行わ

れたため、政府や教育行政当局は思想問題への対策を取る必要に迫られた。

　資本主義の論理に則った高度経済成長を支える「人材」を確保するために出されたのが、1966（昭和41）年10月の中央教育審議会第20回答申「後期中等教育の拡充整備について」の別記であった「期待される人間像」である。この別記では、「第1部　当面する日本人の課題」において、第一の要請として「人間性の向上と人間能力の開発」、第二の要請として「世界に開かれた日本人であること」、第三の要請として「民主主義国家においては多数決の原理が支配するが、その際、多数を占めるものが専横にならないことと、少数のがわにたつものが卑屈になったり、いたずらに反抗的になったりしないこと」が求められた。それをふまえた「第2部　日本人にとくに期待されるもの」において、「個人として」「家庭人として」「社会人として」「国民として」が示された。「期待される人間像」で示された道徳は、「個人として」の「自由であること」から始まり、「国民として」の「すぐれた国民性を伸ばすこと」に至る同心円構造が特徴である。個人の「自由」は第一に自律、第二に責任・義務への自覚を要求し、家庭を生活の基本単位として、社会生活においては他者への奉仕を求めている。「社会人として」の「社会規範を重んずること」に明示されるように、従うべき規範は個々人の手を離れ、すでにある「社会」の下に規定されている。個人から社会までを通じて、自らの義務と責任を社会規範への適合に向かわせた先に求められたのが、「国民として」「正しい愛国心」「象徴に敬愛の念をもつ」「すぐれた国民性を伸ばす」ことである。「別記」というやや変則的な形式の文書であるが、行政府による道徳教育の目指す先が明らかになっている。

（5）個性の重視と自己責任

　「期待される人間像」にはすでに、「個人として」の「個性を伸ばすこと」において「人格をもち個性をもつが、それは育成されることによってはじめて達成される」とうたわれていた。近代日本における個性の重視は、大正新教育思想にまでさかのぼりうるが、戦後の教育課程においては1977（昭和52）年の学習指導要領に盛り込まれて以降、臨時教育審議会による1985（昭和60）年

6月の第一次答申で「個性重視の原則」が掲げられたことが重要な転機であった。同審議会の答申は、1987（昭和62）年の第四次答申まで行われ、学習指導要領改訂や教育政策に大きな影響を及ぼした。

　「個性重視」を批判することは難しい。人は誰しも個性を有しているためである。しかしながら、教育における個性の尊重となると、手放しで進めることも難しい。尊重すべき個性とは何か、誰が、どのように決定するのかという問題が不可避なためである。もし、子どものすべてを「個性だから」とするのであれば、他者について語ることができない相対主義に陥る。そして、「個性は自らが探しだし、決めるものだ」という考えは、「あなたの個性はあなたが決めたもの（あなたしか決めることができないもの）だから、あなたの現状の責任はあなたが取らなければならない」という自己責任論へと接続する。

　自己責任論は、1990年代から登場し、特に政策においては1993（平成5）年11月の「経済改革研究会」による中間報告「規制緩和について」で取り上げられた。一般社会において広まったのは、2004（平成16）年のイラク人質事件によるとされている。その後、貧困や制度的な差別等をはじめとして、個人が生きづらさとして感じる社会的問題を、それを感じる個人の「自己責任」として糾弾することがしばしば生じている。人が感じる生きづらさは社会的に構築されるという「社会モデル」に基づけば（生きづらさを感じない人などいないので、生きている人全員が）その生きづらさを持ち寄って、総量として減少させることや解消することが求められるであろう。そうした道徳性こそ、「考え、議論する」べきものである。

3　「失われた30年」と道徳教育の課題

（1）「特別の教科 道徳」への変遷

　政策を中心に現在の道徳教育に至るまでの足取りをたどっていこう。2018（平成30）年に小学校、2019（令和元）年に中学校で「特別の教科 道徳」が開始された。改訂までに、1958（昭和33）年の「道徳の時間」から60年を経た。特にこの30年間に注目する。

1989（平成元）年の学習指導要領は道徳教育を大きく改訂した。道徳内容の再構成を行い、現在へと続く道徳性に「主として自分自身に関すること、主として他の人とのかかわりに関すること、主として自然や崇高なものとのかかわりに関すること、主として集団や社会とのかかわりに関すること」が盛り込まれた。1998（平成10）年の学習指導要領改訂では「生きる力」が登場し、「道徳の時間」の目標にも「道徳的価値［及び人間としての生き方について］自覚を深め、道徳的実践力を育成」と記される。この「生きる力」は1996（平成8）年の中教審答申に登場する。確かな学力「知」、豊かな人間性「徳」、健康・体力「体」の3つが「生きる力」の要素である。「生きる力」は2008（平成20）年の学習指導要領改訂においても踏襲されている。

「徳」を育むために展開されたのが『心のノート』であった。2002（平成14）年より文科省が「道徳教育の充実を図る観点から、児童生徒が身に付ける道徳の内容を分かりやすく表し、道徳的価値について、自ら考えるきっかけとし、理解を深めていくことができるような児童生徒用の冊子」を作成、配布した。

道徳の教科化に向けて政策的に動いていたのは総理大臣の私的諮問機関であった。2000（平成12）年に「教育改革国民会議」（小渕内閣→森内閣）、2006（平成18）年に「教育再生会議」（第1次安倍内閣→福田内閣）、2008（平成20）年に「教育再生懇談会」（福田内閣）、2013（平成25）年に「教育再生実行会議」（第2次安倍内閣）が設置され、科目設置を提言している。道徳の教科化は自民党政権の「悲願」でもあり、最終的に「教育再生実行会議」での提言を経て、2014（平成26）年の中教審答申での提言、2015（平成27）年の学校教育法施行規則「学習指導要領」の一部改正告示を経て道徳の教科化となった。

道徳の教科化への言及は1984（昭和59）年の「臨時教育審議会」（中曽根内閣）でも確認でき、自民党のポリシーとして綿々と受け継がれてきたものといえる。なぜ2018（平成30）年には「特別の教科 道徳」が設置されることに「成功」したのだろうか。権力者が「思い付き」で提案しても民主主義社会では通らない。説得的な提案となるには「解決されるべき問題」が必要であった。

（2）「いじめ」防止と道徳教育

　道徳が教科となったのは「いじめ」を問題化し、それを克服するための方策として推進されたからだ。子どもたちが安心・安全に学校に通えないのは管理運営を預かる側としたら「よろしくない」となる。学校に関連する逸脱・非行が生じた場合、それは指導対象となる。少年非行（薬物依存など）・校内暴力・学級崩壊・いじめ・不登校などがあり、文部科学省も経年調査を実施している。

　「よろしくない」行動を「問題」として位置づけ、学校（公教育の場合は行政）全体として「なくなる」ことを目指す。当事者が多いとはいえない「問題」を社会問題であると理解させる行為が必要となる。スペクターとキツセは社会問題とは利害関係者による「クレイム申し立て活動」と定義している。

　「いじめ」とはどういう現象なのか。文部科学省は「児童生徒の問題行動等生徒指導上の諸問題に関する調査」を実施するにあたり、何度も定義を変えてきている。ここでは最新（2013年）のものを紹介する。

　　　「いじめ」とは、「児童生徒に対して、当該児童生徒が在籍する学校に在籍している等当該児童生徒と一定の人的関係のある他の児童生徒が行う心理的又は物理的な影響を与える行為（インターネットを通じて行われるものも含む。）であって、当該行為の対象となった児童生徒が心身の苦痛を感じているもの。」とする。なお、起こった場所は学校の内外を問わない。

　学校内外を問わず被害者と関係ある児童生徒から加害を受け、心身の苦痛を受ける行為が「いじめ」となる。具体的には暴力、暴言、脅迫、恐喝、窃盗、仲間外れ、無視といった行為が該当する。インターネットのない時代までは、対面および書面・電話を介しての行為であったため、「いじめ」の現場は限定的で加害者もまだ特定しやすかった。だが今は、携帯電話およびスマートフォン端末の技術革新と普及により、ネット空間上でも「いじめ」が存在する。デジタル技術を介しての「ネットいじめ」はSNS、メッセージアプリ、ゲームアプリ上でのやり取りにおいて、被害者を危機に晒し、精神的ダメージをもたらすことを目的として繰り返し行われる。加害者の特定は可能だが多大な労力

がかかる。

　一般社会においても人権侵害行為は存在し、加害者は法律に準じ罰せられる。「いじめ」が学校という特殊な空間において深刻となるのはなぜか。森田洋司は「いじめの4層構造」を説明する。「いじめ」には「被害者（第1層）」と「加害者（第2層）」が存在するだけでなく、教室および学校空間に「観衆（第3層）」の存在がある。彼らは「加害者」寄りの立場で状況を見つめる。「観衆」とは異なるが「傍観者（第4層）」の存在が「いじめ」を維持させる。「傍観者」は一連の行動に無関心なのかもしれないし、戦略的に無関心を装うことしかできないのかもしれない。ともあれ「観衆」と「傍観者」の存在が「被害者」に苦痛を与え、逃げ場をなくしていく。「被害者」を「加害者」とともに追い込んでいく。

　「いじめ」と「特別の科目　道徳」との関連は以下の通りだ。「生きる力」において「知・徳・体」の充実が示された。「徳」とは「心」であり、「心」の脆弱さが「いじめ」をもたらすものと審議会、答申では触れられる。1998（平成10）年の中教審答申では「いじめの問題は、いじめる子どもの側に第一義的な責任があり、その心の在りようがまず問われなければならない」と記載されている。「いじめ」をなくすには「正義感や倫理化、生命や人権を尊重する心」を学ぶ科目が必要なのだ。しかし、依然として科目設置には至らない。「いじめ」もなくならないどころか、2011（平成23）年に滋賀県大津市で事件が起こってしまう。男子中学生が同級生6名からいじめを受け、精神的苦痛を理由に自死したのだ。その後の学校側の不誠実な対応もあり、マスメディアを交え世論を巻き込んでいった。この事件を受け2013（平成25）年に「教育再生実行会議」が「いじめ問題等への対応について（第1次提言）」を寄せた。「心と体の調和の取れた人間の育成に社会全体で取り組む。道徳を新たな枠組みによって教科化し、人間性に深く迫る教育を行う」と概要の第1番目に示した。「いじめ」をなくすには、「道徳」の「教科化」が必要と訴えたのであった。

　「いじめ」はいくつかある学校の「問題」の中でも別格に位置づけられていく。2013年に「いじめ防止対策推進法」が制定された。35条にも及ぶ内容であるが、注目すべきは第15条に「学校におけるいじめの防止」が明記された

ことだ。法律の後押しを受け、2014（平成 26）年に中教審「道徳に係る教育課程の改善等について（答申）」にて「特別の科目 道徳」が提言された。科目での具体的内容として「大きな社会問題となっているいじめの問題への対応のため、発達の段階も考慮しつつ、人間の弱さや愚かさを踏まえて困難に立ち向かう強さや気高さを培うことや、生命を尊重する精神を育むことなどをより重視することなどが考えられる」として「いじめ」対策が盛り込まれた。

　こうして「いじめ」防止は「特別の教科 道徳」に強く関わっていく。しかし、道徳を教科にすれば「いじめ」はなくなるのか。確かに「心」を養成する機会にはなる。だが、子どもたちの発達面、精神面だけではなく、教室および学校が持つ構造（磁場）の持つ力も大きい。子どもたち特有の文化、とりわけ「友だち」関係を重視する志向性を押さえておきたい。教室の中ではメンバーが固定され、終日顔を合わせてともに暮らす。仲の良い友だちもできれば、そうでもない子どもも存在しうる。一般社会の人間関係とそう変わらない。教室で「みんな仲良く」の目標設定にこそ無理があり、教室内の分かり合えない他者と分かり合うことを強要されるという苦痛が存在する。自分自身が抜きんでることを控える同調圧力を維持しつつ、同時に他者からの承認欲求を満たさなければならない。確かに同調圧力を払拭し、承認欲求からも自由になる「心」を手に入れることで「いじめ」とは無縁になる。しかし、これまでの日本社会は同調圧力を維持し、承認欲求が満たされることで成り立っている。学校もまた社会の縮図だ。

　いや、学校のほうが社会なのかもしれない。イリイチは「脱学校」をとなえた。学校とは社会の中にある必要知識を集積した機関であり、効率的に知識を学ぶ場所として位置づけられていた。学校は社会に備わった限定的な装置でしかない。社会には、無数に学ぶことがあるにもかかわらず学校に価値づけを行うことで、むしろ自発的な学びを疎外する。学校の勉強が嫌いでも、社会（例えば職人に師事するなど）で学ぶことも多かったが今や社会と学校が等価もしくは逆転している。学校こそが社会なのだ。これを学校化社会といい、学校への適応が社会適応とみなされ、学校に不適応となれば、それ以外に行く先がないほど追い込まれる。社会と化した学校に通う児童生徒に何を教え、何を教え

（3）「不幸」な時代の「幸福」追求 ― 失われた30年 ―

　学校化社会でどのような道徳教育が可能なのか。政府および文科省は「生きる力」「徳」「心」を推すが、これは時代に合ったものとは言い難い。現代および次世代を生き抜くための知識、技法として「特別の教科 道徳」の意義を説いてはいるが、実のところ戦前の流れと大きく変わっていない。学制以来続く「心」の鍛錬（だけ）を求めているにすぎない。

　1990年代のバブル崩壊以降、日本経済および国民の暮らしは停滞している。相次ぐ震災、コロナ禍もあった。世界的には中国および新興国の成長が著しく、国力は落ちた。主要産業も陰りを見せ、海外からのインバウンド消費が希望だ。非正規雇用者も増え、正社員との格差も広がった。福祉サービスに頼らざるを得ない人々も増えた。中間階層が減り、一部の富裕層と多くの低階層とに社会は分断された。団塊世代は団塊ジュニア世代を生み出したが、団塊ジュニア世代は次の世代を産み出さなかった。高齢化は進む。都市部に人口が集中し、農村部は高齢層のみで消滅可能性のある「限界集落」と呼ばれている。これが1990年代以降の失われた30年間である。

　この社会環境下で、戦前の流れを汲む道徳教育は機能するのか。「心」や規範意識を学ばせることで「生きる力」は育つのだろうか。やるべきことは、子どもたちに現在の日本社会が置かれている状況を理解させ、目の前の自分の生活と重ね合わせ、どのようなキャリアを送るかを考えさせることである。これがウェルビーイング（幸福）につながっていく。

　現代社会は合理化・効率化・最適化・孤独化・無計画性の結果である。先進国では個人と大きな社会のみが存在し、家族・近隣・地域・仕事といった中間集団が機能しなくなり、個人への負担が増える（これは自己責任論の流れと重なる）。個人が幸福になるための社会との新たなつながりが模索されている。

（4）ウェルビーイングへの期待 ― 次世代型の幸福と道徳 ―

　日本社会を見る限り、先行きは不透明で明るいとはいえない。だが、見方を

変えれば不透明な先行きを自らの力で開拓する機会を手に入れたともいえよう。「自己責任」が課せられたということは自分で執り行う裁量が増えたともいえる。社会でいかに生きていくか、自分の問いとして考え、その行動が結果となっていく。

　社会でどう振る舞えば幸福は得られるのか。まずは幸福の「種」を獲得しなければならない。自分にとって何が幸福なのか、経験や情報が必要となる。他者の実践や情報は不可欠だ。幸福の「種」を入手し、取捨選択し、自分で育てていく。社会とのつながりなくして自分の幸福は得られない。自分から積極的・能動的に社会と関わることが求められ、その行為が社会からの評価になる。

　しかし、自分だけの幸福を考えても実現しない。他者および社会の幸福がどういうものかを理解し、自分もどのように貢献できるか行動で示さなければ期待した結果は得られない。他者の幸福や社会の幸福、言い換えれば、社会にあふれる様々な「道徳」の形を学習し、自分の財産として活用することが自分の幸福につながる。格差社会、多様性を認める社会であるからこそ、「標準」にとらわれず多くの「道徳」を学び、自分の幸福を見つけることが問われる。

　また、仕事、生活、家族も自分で選択できる時代になった。自分と価値観が共有できる仲間の存在は大きい。彼らとともに幸福追求する新しい共同体も模索されている。かつての地縁・血縁に基づいた共同体（コミュニティ）から選択的共同体（アソシエーション）へ変容した。さらに信念・信頼関係に基づく共同体（コモンズ）で自分と他者とが幸福追求を目指す。国際化（グローバル）社会においても人はどこかに居住し、誰かと協働・共同していく。それぞれの自分の居場所（ローカル）での幸福追求が人生の目標となるし、今以上に重要となるだろう。

　多くの幸福の「種」から自己最適化させるためにも、社会に関心を持つこと、偏見なく受け入れること、誰にとってどういう幸福につながるのかを想像することは欠かせない。つまりは学び続けることである。一つでも多くの「道徳」を知り、自分のものとしたうえで今度はその「道徳」を自分が使っていく。「道徳」を学び続けることは自分の幸福に向けての近道となるのだ。

<注>
1）文部省編纂『国体の本義』内閣印刷局 1937 年 p.9

<参考文献>
浅田瞳「ネットいじめの変遷に関する実証的研究：高校生を対象とした質問紙調査の結果から」『佛教大学大学院紀要 教育学研究科篇』第 49 号 2021 年 pp.1-16
天野貞祐『今日に生きる倫理』天野貞祐全集第4巻 日本図書センター 1999 年（初出 1950 年）
イリイチ・I（東洋・小澤周三訳）『脱学校の社会』東京創元社 1977 年
笠間賢二『地方改良運動期における小学校と地域社会：「教化ノ中心」としての小学校』日本図書センター 2003 年
勝田美穂「「道徳の教科化」の政策過程：私的諮問機関の役割を中心にして」『岐阜協立大学論集』54 巻 3 号 2021 年 pp.17-34
神崎英紀「「生きる力」と道徳教育：道徳的実践力の育成に向けて」『大分大学教育福祉科学部研究紀要』32 巻（1）2010 年 pp.119-127
木村草太『「差別」のしくみ』朝日選書 2023 年
小国喜弘『戦後教育史 貧困・校内暴力・いじめから、不登校・発達障害問題まで』中公新書 2023 年
酒井郷平・田中奈津子・中村美智太郎「道徳教育の史的変遷と現代的課題：道徳科における情報モラル教育の可能性」『静岡大学教育学部研究報告（人文・社会・自然科学篇）』第 67 号 2017 年 pp.105-119
スペクター・M とキツセ・J（村上直之・中河伸俊・鮎川潤・森俊太訳）『社会問題の構築』マルジュ社 1990 年
豊泉清浩「道徳教育の歴史的考察（2）」『文教大学教育学部 教育学部紀要』第 50 集 2016 年 pp.243-245
藤原和政「道徳教育の変遷と今後の展望」『長崎外大論叢』22 号 2018 年 pp.1-8
古川隆久『建国神話の社会史』中央公論新社 2020 年
松沢裕作『生きづらい明治社会：不安と競争の時代』岩波ジュニア新書 2018 年
村上純一「「道徳」教科化の政策過程に関する一考察：「教育再生会議」での議論に焦点を当てて」『文教大学人間科学部 人間科学研究』第 37 号 2015 年 pp.81-88
森田洋司『いじめとは何か：教室の問題、社会の問題』中公新書 2010 年
山田恵吾編著『日本の教育文化史を学ぶ 時代・生活・学校』ミネルヴァ書房 2014 年
吉崎祥司『「自己責任論」をのりこえる 連帯と「社会的責任」の哲学』学習の友社 2014 年

コラム2　誰のための道徳教育か？

1．体感治安の悪化

　「物騒な世の中だ」「今の若者たちは何を考えているかわからない」。そのように断定されて「そうならないためにも若者には適切な教育をしなければならない」「社会のルールを守れないようであれば厳罰を与えるべきだ」と話が進んでしまう。

　「その通りだ」と賛同する前に、少しでもよいので立ちどまって欲しい。私たちは若者におびえた暮らしをしているのか。若者の犯罪は増えているのだろうか。実のところ「若者がわからない」と大人たちから発せられるのは現代に限ったことではない。古くは古代エジプト人も書き残していたという。明治時代も、昭和時代も多くの大人がぼやいていた。1980年代にも「新人類（今までとは違う感覚を持った若者たち）」という流行語があったぐらいだ。年配の世代はとかく自分中心に考え、理解の範疇を超えると「問題化」したがる。

　2000年以降、若者の犯罪は減少している。むしろ中高年の犯罪の方が増えている。もちろん若者による犯罪もゼロではない。ごく稀だが青少年による凶悪犯罪が発生した際、テレビ、新聞、インターネットで衝撃的に、そして大げさに事件と背景が語られる。この報道を受けて情報の受け手は「物騒な世の中だ」と納得していく。マスメディアによる大衆への印象操作といってよいだろう。

　実際は犯罪が少ないのに、治安が悪くなったと感じる。これを体感治安の悪化という。そもそも犯罪に巻き込まれる人は多くはない。犯罪が日常化していれば、治安が悪いという認識すら生じない。秩序が保たれた社会に不安を煽ることで誰かが得をしている。仮想であれ、外部の「敵」を用意することで身内の団結力を強めようとする。既得権益層（大人たち）が若者を悪者にすることで大人同士が結束し、大人たちによって都合の良いルール、制度を作ることができる。既得権益層からすれば若者は「不良」であってほしいのだ。彼らに規範意識も道徳意識もなければないほどありがたい。しかし、当の若者に調査をすれば、実に規範意識も高く、道徳意識も高かったりする。調査をしなくても犯罪に加担せず慎ましく生活している若者が至るところにいるのだから、認識を改めればよいのだが、非を認められない大人たちは頑なに認めようとしない。

2. 不安の効果

　メディアや世論を味方につけて大人たちは自分の利益のために社会を操作する。実害のない不安であればあるほどよい。むしろ実害のある不安は避けたい。秩序崩壊を招いたのは大人たちによる失策でもある。自分たちの存在意義を問われてしまいかねない。実害がなく、支配層に刃向かってこない存在が最適である。その存在こそ社会的弱者であり、若者・子どもたちが該当する。

　敵の存在は身内を結束させ、日ごろの憂さもガス抜きできる。日々の生活に悩みがあったとしても目先を変えさせることができる。これは自分たちの都合が悪くなったときに繰り出すと有効である（例：自分たちの醜聞が発覚しそうなときに大衆が喜ぶ話題を発信する）。支配層が大衆を統制し、大衆から支配層に敵意が向かないようにする。同調圧力が強く、権威に弱い人ほど騙される。従順で誠実な人ほど支配層のカモとなりやすい。権力を持つ側、支配をする側は狡猾で統治のためならばどのような手段もとる。言い換えれば、それだけ支配層にとって既得権益は手放すことが惜しいほど魅力的といえる。

　もちろん、大衆もなすがままというわけでもない。支配層の目論見、統治の背景についても勘づくこともある。世の中には表だけでなく、裏があることもわかる。民主主義社会は権力層を監視する仕組みも強化してきた。支配層の暴走をいかに食い止めるか、この闘いの歴史でもある。ただし、2000年以降の日本社会では支配層（保守政治家）の暴走に歯止めがかけられにくくなっている。

3. 道徳強化

　保守政治家は子どもや若者の道徳強化を用いがちである。誰も困らない政策なので鉄板の切り札といってよい。「いじめはよくない」「暴力はいけない」「目上の人への敬意をもつべきだ」「地域を愛する心がないのはけしからん」など、規範の逸脱を「問題化」しておけば少なくともその政治家が非難されることはない。逆に規範の逸脱を認めるとSNSをはじめ炎上するほどコンプライアンスには厳しくなった。

　規範の逸脱を食い止めるためには、規範が学べる環境を教化することになる。道徳をはじめ学校現場での指導・徹底が求められ、口頭指示で誰も言うことをきかないのであれば法制化、職務命令を下すほかない。現実を顧みることなく規制が強化されていく。自由度が失われ、監視体制が強くなっていく。それでも、いじめも暴力もゼロにはならないだろう。新時代には新時代の困難、逸脱現象も生じる。規制の効果を問われたら今度は誰を身代わり（スケープゴート）にするのだろうか。規制を作った大人たちはもうじきいなくなる。責任を取ることはできない。この大人たちに「責任感のない若者」を問い質す資格はない。

4．教育現場も困る

　すでにやるべき道徳教育をやっている教育現場も困ってしまう。まだ足りないのか。これ以上何をしろというのか。時にはやる必要を感じさせないことをやれと命じられる。教育現場の士気も上がらないだろう。

　学校で養われる道徳意識も当然あるが限界もある。子どもたち、若者たちは学校生活以上に家族・友人・地域・ネット空間・職場環境を通じて社会を学ぶ。そこには独自のルール、規範、マナー、法が存在する。何が常識・非常識か最初はわからなくとも、関わりながら理解するようになる。重要な他者からの口頭伝承（指導）、観察や文字・動画による学習、すでに他の場所での経験値の活用など技術・思考を自分が今いる空間でいかに振る舞えばよいかわかってくる。

　格差を前提とし、多層化した社会において教育現場として何を最優先に教えるべきか悩みは尽きない。教育現場で「普通」が何を示すのか難しい。クラスの「みんな」に共感できるものは存在するのか。「常識」も時代によって変わる。同じ時代でも、ある場面では常識だと思われていたことが別の場面では非常識と受け取られることもある。社会生活において正解・不正解を瞬時に出すのは難しい。

　もちろん、人権・人格の尊重、他者への敬意など普遍的ともいえる価値も存在している。ただし、この普遍的な価値もまた再考されるものでもある。「なぜ人権・人格は尊重されないといけないのか」「どうして他者に敬意を払わねばいけないのか」と。「決まりだから」「ルールだから」で押し切ることもできるかもしれないが、学校現場でそれを言われたら子どもたちの思考に深みや学びは生まれない。とりあえず現状のルール、規範、法を守らせることだけはできる。その意味で学校は現状規範の強化の場として存在している。

5．大事なこと、必要なことは記憶に残る

　子どもや若者たちからすれば、すでに教えられた道徳内容が繰り返されるだけで退屈な時間にすぎない。親身になって聞くことはない。常識の逸脱を危惧する講話は聞き飽きている（守ればそれでよいのだと受けとめる）。また、自分たちを「問題視」しているので気分も良くない。自分たちのことを信じられない人の話に真剣に耳を傾けるほどお人好しでもない。

　子どもたちの将来、若者の行く末を考えるのであれば大人が喜ぶ道徳、既存の価値を押し付けてはいけない。先がない話を先のある人にしても反面教師ぐらいにしかならない。過去および現在の価値や常識を伝えることは情報として意味のあることといえよう。大事なのは将来に向けて既存の知識を援用することである。一つでも多くの知識を示し、集めた知識をどう援用することができるのか、そのサポートをするのが

教育者の役目である。

　自分たちにとって都合の悪い情報も、子どもたちのためになるのであれば提示するべきである。既得権益層の思惑、教育現場の法令遵守、利害関係者の自己保身で道徳が用いられる限り、子どもや若者には響かない。子どもたちや若者がこの先、幸福に生きることができるのか。道徳はそれを身に付ける時間なのだとわかれば彼らの興味が湧き、優先順位も自ずと上がってくる。すでに身に付けている常識、ルール、規範をもとに自分と大事な仲間、家族、地域、諸環境とともに幸福になることを考える有意義な時間になるのであれば彼らの目の色も変わるはずだ。自分に関わることは記憶に残る。

　道徳教育に求められることは、支配層に印象操作されることなく、そして周囲からの同調圧力も苦にならない強い自分を養うことにある。

＜参考文献＞
赤羽由起夫『少年犯罪報道と心理主義化の社会学：子どもの「心」を問題化する社会』晃洋書房 2022 年
浅野智彦編『検証・若者の変貌：失われた 10 年の後に』勁草書房 2006 年
吉川徹・狭間諒多朗編『分断社会と若者の今』大阪大学出版会 2019 年
久保大『治安はほんとうに悪化しているのか』公人社 2006 年
将基面 貴巳『従順さのどこがいけないのか』ちくまプリマー新書 2021 年
土井隆義『人間失格？：「罪」を犯した少年と社会をつなぐ』日本図書センター 2010 年
羽渕一代編『どこか「問題化」される若者たち』恒星社厚生閣 2008 年
藤村正之・浅野智彦・羽渕一代編『現代若者の幸福：不安感社会を生きる』恒星社厚生閣 2016 年

第3章
道徳性の発達と教育

―本章を読みながら考えてほしい問い――――――――――――――――
　小学校に入る前から、小学校、中学校での道徳教育について、どのような課題を思いつきますか？　その課題には、共通点や相違点はありますか？
　それらの共通点や相違点を整理して、道徳性の発達とどのように関係しているか考えてみましょう。
――――――――――――――――――――――――――――――――

はじめに

　人がタブラ・ラサ（白紙）で生まれてくるという言説は過去のものとなり、現在では、人は生まれながらに環境に適応するための能力を備えていることが通説になった。今日の発達心理学は、乳児が早期から"賢い"スキルをもっているにもかかわらず、幼児期以降、言語を介した課題では非論理的な判断をしてしまうというパラドックス、つまり、乳児期と幼児期にみられる研究結果の乖離の解明という難問に直面している。
　例えば、自他の心の理解と他者の心の状態を推論に基づいて構成される「心の理論（theory of mind：ToM）」に関する発達研究がある。心の理論課題として用いられる誤信念課題（例：サリーとアンの課題）は、4歳前後に通過できるようになるとされている[1]。一方で、視線計測などを用いて言語を介さない方法で実験することによって、乳児期でも他者の心を推測して判断する潜在

的な能力があることも示唆されている[2]。

　道徳性の発達においても、乳児は向社会的な思いやりが感じられるような動きへの選好を示すなど[3]、発達の核となる道徳性の基盤（moral core）があることが明らかになってきた。また、トロッコ課題（第1章参照）にみられるように、道徳的判断には、理性だけでなく感情[注]も関わっていると言われるようになっている。つまり、乳児に道徳性の萌芽がみられているからといって、その後の発達で常に論理的で合理的な道徳的判断ができるようになっていくわけでもないようだ。

　本章では、就学前（乳幼児期）から就学後（思春期（青年期前期））に至る子どもの道徳性の発達について概観し、道徳教育について考えていく。

1　道徳性の発達研究の動向

　社会生活における規範の集合体そのものを「道徳（moral）」としたとき、その規範の集合体の部分が個人ごとに異なった様相で内面化されたもの、あるいは、規範を内面化し得る特性を「道徳性（morality）」という[4]。「道徳性」の概念には幅があり、様々な理論による様々な側面から道徳性が研究されている。

　人は、自分が直接関わる他者だけでなく、生まれ育つ国・地域の価値観や思想、歴史、文化など、社会文化的要因の影響も受けて発達する。コールバーグ（第1章参照）のジレンマ課題に対する判断についても、その背景にあるジェンダーや西洋文化等の影響を考慮して解釈する必要があることが指摘されている[5]。道徳性の研究は、認知発達理論に代表されるピアジェやコールバーグをはじめとした合理的で理性的な道徳的判断（moral judgement）や道徳的推論（moral reasoning）の研究だけでなく、共感や罪悪感、恥、感謝、尊敬等の道徳的感情（moral emotion）の研究、さらには文化心理学、社会心理学、神経科学、進化心理学などと融合した学際的な研究へと発展している[6]。

　道徳的感情の研究者は、道徳的判断は、自動的、情動的、かつ直感的になされると主張する。一見、理性的で合理的な理由づけが行われていても、それは

後付けの説明であって、自己の判断を事後的に正当化しているにすぎないという[7]。ハイトは「道徳基盤理論（moral foundation theory：MFT）」を提唱し、道徳心理学の第一原理を「まず直感、それから戦略的な思考」、第二原理を「道徳は危害と公正だけではない」として、人には6種類の普遍的な道徳の基盤があるとした（表3-1）[8]。

これら6つの道徳基盤は人類史の適応課題に応じて進化的に獲得されたものであり、道徳基盤が作動することで直感的な反応や特定の情動が引き起こされるという（例：「ケア/危害」基盤は、「自ら身を守る方法をもたない子どもをケアすべき」という適応課題に対応する過程で進化し、他者の苦痛の兆候に気付いたり、残虐行為を非難して苦痛を感じている人をケアしたりするように導く）。つまり、道徳性は一つではなく、複数の道徳基盤から構成されるとする道徳多元論を提示したのである。

表3-1　ハイトによる6つの道徳的基盤

道徳基盤	ケア／危害	公正／欺瞞	忠誠／背信	権威／転覆	神聖／堕落	自由／抑圧
関連する美徳	ケア、親切	公正、正義、信頼性	忠誠、愛国心、自己犠牲	服従、敬意	節制、貞節、敬虔、清潔	自由、平等
特徴的な感情	思いやり	怒り、感謝、罪悪感	グループへの誇り、裏切り者への怒り	尊敬、怖れ	嫌悪	怒り

出典：ジョナサン・ハイト、高橋洋（訳）『社会はなぜ左と右にわかれるのか 対立を超えるための道徳心理学』紀伊國屋書店、2014年を基に作成

従来の認知発達理論において、ピアジェもコールバーグも思考・情動・行動は相互に絡み合っていることは認めており、情動の役割を軽視しているわけではない。しかし、ピアジェやコールバーグの流れを汲む立場の研究者らは、感情を過大視し、理性を軽視しすぎることに警鐘を鳴らしている。道徳的判断が情動的・直感的であるとする根拠にトロッコ課題のような非日常的で嫌悪感が生じる課題を用いていることに対して、研究結果の一般可能性には慎重になるべきであると指摘する[9]。

また、道徳性に関連する感情には、怒りや嫌悪などのネガティブな感情だけでなく、共感や尊敬などのポジティブ感情もある。コールバーグによると、共感や相手の立場に立つという他者の福祉への関心は、道徳的葛藤を解決するためのメカニズムではなく、道徳的葛藤を経験するための前提条件だという。思考と感情は関連し合っており、相互に依存し合ってもいるが、人は道徳的判断をする際に、感情が理性を支配するほどに、感情と直感のみで無意識的で無反省的に反応しているとは限らない。

　ピアジェやコールバーグの流れを汲むチュリエルやスメタナらは、社会的領域理論（領域特殊理論、第1章参照）を提唱している。この理論では、社会的概念について、「道徳」領域（正義・福祉・権利等の普遍的な規範）、「慣習」領域（社会慣習的ルール）、「個人」領域（個人のプライバシーに関すること）という3つの独立した領域で構成されているとする[10]。例えば、「人をいじめてはいけない」という規則と、「教室で発言をする時は挙手をしなければいけない」という規則を考えてみると、前者は道徳的領域、後者は社会慣習的領域である。また、休日は趣味に時間を費やすことにしているのであれば、それは個人の領域である（表3-2）。

　人は日常的に道徳的領域、慣習的領域、個人的領域の出来事を経験しており、それぞれの領域は乳幼児期からの様々な社会的相互作用や社会的経験を通して形成されていく。就学前の幼児でも身近に起こり得る状況であれば、領域の区別の判断ができるとされている。また、それぞれの領域に対応するように領域ごとに異なるコミュニケーションを行ってもいる（例：幼児は、親などの権威ある大人が盗みや人を傷つけることを命令しても、その命令を受け入れないが、順番やゲームの規則のような慣習的行為については権威ある大人からの命令を優先する）。

　道徳的に良いのか悪いのかと葛藤したり、善悪の判断をしたりしなければいけない状況は、人が社会生活を営む中で必ず経験することである。近年では、道徳的判断や刑法への嫌悪感情など、fMRI（磁気共鳴機能画像法）を用いて脳機能から解明する研究も進んでいる[11]。また、「神経美学」という比較的新しい研究分野では、人には善と美、真と美を結びつける認知的バイアスがある

表 3-2　社会的領域理論の3領域

	領域		
	道徳	慣習	個人
基盤とする概念	正義、福祉、権利などの価値概念を土台に構成された概念領域	校則、服務規律、マナー、宗教儀式、礼儀作法、地域のしきたりなどの社会システムに関する概念に基づいて構成される領域	自己概念や他者の意図、感情や思考の理解に関する認知などの自己と他者の概念化に基づいて構成される領域
社会的文脈（他者からのフィードバックの例）	けが・損失・損害の言葉がけ、視点取得を促す言葉がけ、直接的な感情表出、仕返し、命令、権利・公正への言及・叱責	規則の言及、望ましい行動を示す言葉がけ、秩序を乱すことへの注意、大人への言いつけ、命令、叱責、冷やかし	—
行動事例	盗み、殺人、いじめ、詐欺・嘘、援助	挨拶、呼称、生活習慣、テーブルマナー、校則、服装	趣味、サークル活動、友人の選択
理由づけのカテゴリー	他者の福祉、公平・不公平、絶対に許されない行為、義務感、権利	期待・規則、社会秩序、常識・習慣からの逸脱、無礼行為	自分自身の問題、規則の拒否、許容範囲の行為、規則存在の不公平

（出典：Smetana, J.G., "Moral Dvelopment: The Social Domain Theory View," The Oxford Handbook of Developmental Psychology, Vol.1 Body and Mind, Oxford University Press, 2013, pp.832-863. 首藤敏元「領域特殊理論　チュリエル」（日本道徳性心理学会研究会（編著）『道徳性心理学　道徳教育のための心理学』北大路書房、1992年、pp.133-155. を基に作成）

ことが明らかになっている[12]。今後も、人の道徳性の起源と発達について、最新の研究手法を用いて、様々な観点から明らかにされていくだろう。

2　就学前期（乳幼児期）における道徳性の発達

（1）道徳的感情の発達

　道徳的感情は、道徳的な規範に基づいて経験する感情であり、その反応として様々な道徳的行動が喚起される（例：恥を経験すると赤面したり、照れたり、笑顔でごまかそうとしたりする）。道徳的感情は、道徳的規範に従うことで社会生活を円滑にするような行動や社会的に認められるような行動をするように動機づけ、動機づけられた人たちが道徳的規範を共有し、協力することで社会を維持するという機能をもっている[13]。

　情動発達モデルの代表的な論者であるルイスのモデルでは[14]、生後半年頃までに、喜び、悲しみ、恐れ、驚き、嫌悪などが生じ、1歳半頃に自己意識（self-awareness）が芽生えてくると、自分が他者に注目されることを意識して「てれ（embarrassment）」が、自他を区別して他者の窮状を意識して「共感（empathy）」が、他者にはあるのに自分にはないことを意識して「羨望・妬み（envy）」が現れる。さらに2歳半ば頃になると、ルールや基準に対して自分は良いのか悪いのかを判断する自己評価（self-evaluation）が成立し始めることで、自らの基準から自分が失敗したと感じると「恥（shame）」や「罪悪感（guilt）」、逆に成功したと感じると「誇り（pride）」を表出するようになる。道徳的な嫌悪感（例：他者に対する残忍さを見た時に生じるような感情）は基準やルール、目標の学習の発達と関連しているため、自己意識によって、発達初期の嫌悪感情が道徳的行動に関する考えにも適用されるようになるとも言われている[15]。幼児が自分の仲間に対する攻撃を見たり聞いたりした時に仕返しをしたり、報復や制裁のための攻撃を正当化する発言をしたりするのは、攻撃行動に対して社会慣習的思考から社会的文脈を考慮した道徳的判断をする現れであり、その背景となる感情が同情や愛他心である可能性も示唆されている[16]。

　道徳的違反者を罰する行動に「第二者罰」と「第三者罰」がある。前者は、違反者（第一者）からを被害を受けた自分（第二者）が罰を与える行動（例：

自分が叩かれたから叩き返す）、後者は、違反者（第一者）でも被害者（第二者）でもないのに、直接関係のない立場（第三者）として違反者に罰を与える行動である（例：自分が叩かれたわけでもないのに、叩いた者を罰する）。第三者罰を行うための前提は、他者の行為に対する善悪判断や被害者への同情とされている[17]。

　人はむしろ、自己中心的だからこそ利他的でもあるという主張もある[18]。人は自分自身の生存や健康、安全に関心を払わなければ子孫を残せないという自己中心的な基盤があるからこそ、発達早期から被害者の境遇に対して共感的もしくは同情的な気遣いをみせたり、他者に対する協力的で援助的な行動をしたりするように進化してきたという主張である。

　一人一人が幸せを感じる人生の実現は、幸せを感じる感情があってのことである。すべての子どものウェルビーイングを目指す道徳教育においては、感情と理性とを対立するものとして捉えるのではなく、感情は人類の生存を支えるものとして進化したものであり、道徳性は感情と理性が相互に絡み合いながら、生まれ育つ環境への適応を支えるものとして発達することを踏まえて、保育・教育の実践を考える必要があるだろう。

（２）道徳的判断の発達

　道徳的判断は、ピアジェやコールバーグに代表される認知発達理論の研究から発展しており、現在でも道徳性の発達研究や道徳教育に多大な影響を与えている。ピアジェの成果は、しばしば「結果論から動機論へ」「他律から自律へ」としてまとめられる（第１章も参照のこと）。ピアジェは、７歳頃までは行為の意図よりも被害の大きさに注目するが、それ以降の年齢では、故意か過失か（わざとか否か）という基準で行為の善悪を判断するようになるとした。また、大人のような権威ある他者の意見に基づく判断（他律的判断）から、行為の動機に基づく判断（自律的判断）になる移行期が６～７歳頃にあるとしている。

　ここで留意しておきたいのは、ピアジェは幼児が行う他律的判断は、単に幼児が大人の権威に従順であるとは限らないとしていることである。大人や年上

の子どもなどの他者から学んだ規則に従わねばならないという義務感は、大人や年長者への「一方的尊敬」から生じるものであり、なぜ大人や先輩に対する「一方的」な尊敬が成立するかといえば、尊敬する人物と尊敬される人物との関係性が不平等であることが前提になっているからである[19]。またピアジェは、子どもが勝ち負けを重視するようになるのは、他者の立場に立って考え、仲間同士の相互的尊敬に基づいて互いに平等な立場に立った協同的行為から生まれるからであるとも考えていた。

　道徳の進化的起源として「協力行動（cooperative behaviors）」に着目しているのがトマセロである。協力行動は、特に、協働（collaboration）、向社会的行動（prosocial behavior）、コミュニケーション（communication）にみられるものであり、人は子どもの時から共生的で相互主義的であるという[20]。「協力」には、他者の利益のために自身を犠牲にする「利他的な援助」と関与者すべてが利益を得る「相利共生型の協同」がある[21]。ヒト独自の協力とされるのが、「利他的な援助」に対応する自己犠牲的に他人を助ける形態（例：同情、配慮、慈悲）と、「相利共生型の協同」に対応するバランスの取れた方法で全員が利益を得られる方策を探す形態（例：公平、平等、正義）である。

　また、道徳的行為を「（そうしなければならないという義務感をも感じながら）他者の関心を自分の関心に優先させる、もしくは両者を平等に扱うもの」と定義し、人の道徳的意思決定に関する道徳的アイデンティティの中核には、4つの配慮、すなわち「わたしへの配慮」「あなたへの配慮」「平等への配慮」「わたしたちへの配慮」があるとした。

　「わたしたちへの配慮」とは、対面でやり取りする二者間の「わたしたち」と、文化集団と一体化することで形成させる集団志向の「わたしたち」の両者から生じる配慮である。幼児は十分な道徳的存在ではないとしながらも、幼児なりに道徳に関わる行動や判断をし、集団的アイデンティティや社会規範のような集団志向に関わる行動を見せるという。園での生活においても、幼児が遊びの中で他児と同じ動きをして楽しんだり、同じ物を持ったり使ったりすることで仲間関係を築いたりして、「おんなじ」であることを共有する姿がしばしばみられる[22]。「わたしたち志向性」は、幼児のこのような姿に現れている可

能性がある。

　道徳領域と社会慣習的領域の区別ができるということは、規則や善悪が必ずしも絶対的なものではなく、状況によって変化するものであることを理解できているということである。かねてより、ピアジェが用いた研究方法は言語理解への比重が大きく、子どもの発達の実態を明らかにできていないという批判があった。そのため、子どもの認知的・論理的・科学的能力が実際よりも過小評価されていたと言われ、改善された研究方法によって、その後、乳幼児期の有能さが次々に示されるようになった。社会的領域理論では、子どもにとって日常生活に馴染みのある質問をすることで、幼児であっても、例えば「先生が良いと言ったら、しても良いですか？」「他の幼稚園だったら、しても良いですか？」のように尋ねると、道徳領域の違反行為と社会慣習的領域の違反行為を区別した上で善悪判断をすることが明らかになっている[23]。

　幼児は様々な社会的状況（social context）において、積極的にかつ素早く規範を取り入れ、第三者が間違ったことをした時には指摘し、規範を守らせようともする[24]。一方で、人には発達早期から道徳的な感情として苦しんでいる他者をなだめたり、残酷な行為に怒りを感じたり、悪をする者を罰する者を好んだりする傾向がみられるものの、論理的思考力が芽生えるには時間がかかるものであり、とりわけ、共同体の全員に平等に適用される禁止と要求のような「公平」に関する道徳原理の理解は難しいと言われている[25]。子どもが論理的に道徳的判断ができることには限界があるのだ。

　さらに留意すべきこととして、乳児期から発達の核となる道徳性がみられる研究結果が数多く見いだされている一方で、現在の心理学では、科学的研究の前提である再現性と頑健性の問題、つまり、教科書にも掲載されるような心理学の過去の研究結果について、同じ方法を使えば、同じ結果が得られるという信頼性が担保できない可能性が出てきており大きな問題になっている[26]。乳児期の向社会的な動きへの選好についても、再現性の問題が指摘されている[27]。そのため、研究結果を拡大解釈して教育に用いることがないようにし、基礎研究の成果を実践に応用することには、慎重になるべきでもあろう。

　これらを考慮すると、幼稚園教育要領等が示してきたように、子どもに対し

て受容的・応答的に関わることが、やはり基本であるように思われる。これまでも保育者・教育者が子どもの思いを受け止め、認め、共感し、その上で、代弁したり仲裁に入ったり、時にクラスで共有して、みんなで考えてみる機会をつくって話し合ったりする関わりを大切にしてきたことは、論理的な道徳的判断の足場かけ（scaffolding）になっていると言えるかもしれない。今後、子どもの道徳性の発達の基礎研究とともに、保育・教育への応用研究を進めることで、エビデンスを積み重ねていくことが重要となるであろう。

3　就学前期以降における道徳性の発達と道徳教育

（1）理性的な道徳的判断の発達

　理性を伴った道徳的判断は、「心の理論」と「実行機能（executive function）」の発達とともに形成されると考えられている[28]。「実行機能」とは、自分の欲求や考えをコントロールする力である。2種類の実行機能があり、欲求を抑える力である「感情の実行機能」とルールや計画などを柔軟に切り替える力である「思考の実行機能」からなる[29]。心の理論と実行機能は、幼児期から児童期にかけて大きく発達する。また、実行機能は前頭前野が重要な役割を果たしており、幼児期に著しく発達した後、児童期以降は緩やかに発達していくとも言われている。

　6～9歳頃は二次の誤信念課題（AさんはBさんが〜と思っている」と誤って思っている）の正答率が上昇する時期であり、二次の心の理論が発達することで、道徳的判断や責任性の判断も高度化する[30]。このことは、ピアジェ以降、子どもの道徳的判断が行為の結果を重視する客観的責任性から、行為の動機を重視する主観的責任性へ移行するとされる時期と重なってもいる。

　また、心の理論の発達は、言語発達と実行機能の発達と関連することも示唆されている[31]。幼児は日常体験から切り離して「こんなとき、どういう気持ちになるのか」「こういう気持ちになったのはなぜか」という問いに答えるのは難しく、かつ、子どもが言語的に操作した課題に回答するようになるのには、実行機能の発達が関連していると言われている[32]。このことをハインツ

のジレンマ課題を例に考えてみよう。

　コールバーグが提示した道徳的認知構造（moral cognitive structure）としての道徳性発達段階の3水準6段階において（第1章と参考文献を参照のこと）、ハインツのジレンマ課題に対する各段階の答え方の例に挙げられている年齢は、第1段階で10歳、第2段階で13歳、第3段階で16歳、第4段階で21歳、第5段階で25歳、第6段階で32歳である。また、コールバーグは、正義の概念について、すべての人の幸福を平等に考慮することよりも、すべての人の道徳的主張を平等に考慮するように我々に命じるものであると考えていた。ハインツのジレンマ課題は、人生で経験することがないかもしれないストーリーを理解した上で、自分がハインツや妻だったらと、登場人物の立場になってハインツや妻の心情を推し量り、道徳領域から考えることを求められる課題であると思われる。つまり、ハインツのジレンマのような身近な経験から離れたストーリーを提示されても、子どもにとっては何を考え、議論させられているのか分からないまま、答えさせられているという状況になっている可能性がある。

　道徳的理由づけの発達には、「役割取得能力（role-taking ability）」が関連しているとも言われている。役割取得能力は、相手の立場に立って考え、相手の心情を推し量り、自分の考えや気持ちと同等に他者の考えや気持ちを受け入れて調整し、対人交渉に生かす能力である[33]。相手の立場に立つ力の高さは、行動面での学校適応（例：授業への参加、約束の遵守、友達への配慮）と感情面での学校適応（例：学校が好き）とも関連がある[34]。児童・生徒に対して、考え、議論する授業を展開にする際には、一人一人の状況や発達の様相を多面的に考慮した上で、教材の選定や発問を検討することが必要であることが示唆される。

（2）道徳の理解と道徳的判断との矛盾

　「寛容（tolerance）」を「自身とは異なる行動や信念、身体的能力、宗教、慣習、エスニシティ、ナショナリティをもつ他者を受け入れること」としたとき、幼児期から児童期中期にかけて、相対主義の理解と心の理論に関連が見ら

れる一方で、年齢とともに道徳的異論に対して不寛容になっていく傾向がみられている[35]。この時期の子どもにとっては、自分の意見と一致するかどうかが寛容性判断において重要な判断材料となっている可能性も示唆されている。

　他者の多様性への寛容については、小学生と中学生を対象に異質な他者を集団から排除するか否かという排除判断から調べた研究がある[36]。この研究では、社会的領域理論の3領域（道徳・慣習・個人）それぞれに対応した行動の特徴をもつ他者（例：暴力的な人・手づかみで食事する人・黄色い服を毎日着る人）に対する排除判断について調べ、どのような時にどのような理由で集団排除を認めるのかを小学4年生、6年生、中学2年生に尋ねた。その結果、閉鎖的あるいは固定的集団志向性と友人への同調欲求が高い子どもや友人への親和欲求（例：友達と遊びたい）と相互尊重欲求（例：友達には私の意見をきちんと言いたい）が低い子どもは、集団排除を認める傾向がみられた。逆に、友人への親和欲求や相互尊重欲求が高いと集団排除を認めない傾向があった。

　児童期後期から青年期にかけては、仲間関係を重視することで異質な他者を排除する心理が顕著になる時期でもある。道徳的に集団排除は「よくないこと」であろう。しかし、発達過程において仲間関係を優先する時期があるということは、仲間以外に排他的になる時期を経るのも発達の一過程であるとも言える。人間の発達過程において、他者を排除すること、他者に寛容になるということは、道徳性の発達においてどのような意味をもつかを考えさせられる。また、道徳教育としては、友達を大切にすることが同時に他者を排除することになっていないかを教師が留意しておく必要があるかもしれない。

　幼児期以降、子どもは他者の道徳違反に対して、様々な方法で罰しようとするだけでなく（例：告げ口行為、抗議）、より成熟した動機によって罰を行うようになっていく。例えば、道徳違反者は悪いことを行ったために罰すべきという動機と、道徳違反者が同じ違反を繰り返さないように罰するという動機がある。前者は報復的動機、後者は教育的動機であり、両者を区別して判断できるようにもなっていく[37]。

　さらに、他者に対して寛容になれないとき、罪悪感を覚えるようにもなる。罪悪感を抱いていることを示す行為に、「謝罪」がある。謝罪には「道具的謝

罪（instrumental/perfunctory apology)」（悪いと思っていなくても謝る）と「真の謝罪（sincere apology)」（責任を受容し、罪悪感を認識した上で謝る）があり、親密性の高い相手に対し4歳児は道具的謝罪を用いるが、6歳児は真の謝罪を用いるようになっていく[38]。

これまでの謝罪の発達過程に関する研究をまとめると[39]、2歳頃に「ごめんね」という言語的な謝罪ができるようになり、幼児期後期にかけて謝罪効果の認識が発達するにつれて謝罪を多用するようになる。そして、他者の感情を推測する心の理論の発達とともに、保育者からの罰を回避するための道具的謝罪だけでなく、罪悪感を伴う誠実な謝罪ができるようになっていく。しかし一方で、子どもは状況によって道具的謝罪と誠実な謝罪を使い分けるようにもなっていき、成人になっても他者に対する印象操作の手段として道具的に謝罪を行う。

子どもは心の理論や実行機能などが発達するにつれて、何が道徳的に適切であるかを判断し、その状況でもっとも相応しいと思われる道徳的行為を行う。このように道徳性の発達には、様々な心の発達が関連しており、多岐にわたっているのである。

（3）「考え、議論する道徳」で育まれる道徳性

道徳的行為がスキルとして学習されるものであるならば、そのような発達過程にある子どもたち一人一人のウェルビーイングを目指した道徳教育として、どのようなことが考えられるであろうか。「考え、議論する道徳」は、心理学的な視点からみると、理性を働かせた道徳的判断を育むことに重きを置いている[40]。ここで、社会的領域理論では物事を道徳か慣習かに分けることを重視しているわけではないことに留意しておく必要がある。様々な道徳的問題について、文化を超えた普遍的な問題なのか、社会の斉一性を保つための個別的な問題なのかを考えることこそが道徳的な発達を導くと考えている[41]。

友達関係、いじめ、受験のストレスなどの中で、アイデンティティが揺らぐ時期でもある思春期・青年期を乗り越えるためには、実行機能が役に立つとも言われている[29]。しかし同時に、思春期に生じる生物学的変化（第二次性徴）

によって性ホルモンの濃度が急激に高まることで、感情に関わる脳領域である大脳辺縁系に作用するために、この時期に感情の実行機能が一時的に悪くなることも知られている。自分をコントロールする力である実行機能が一時的に低

表3-3　小中学校の道徳科における内容項目

	小学校	中学校
A　主として自分自身に関すること	善悪の判断・自律・自由と責任 正直・誠実 節度・節制 個性の伸長 希望と勇気・努力と強い意志 真理の探究	自主・自律・自由と責任 節度・節制 向上心・個性の伸長 希望と勇気・克己と強い意志 真理の探究・想像
B　主として人との関わりに関すること	親切・思いやり 感謝 礼儀 友情・信頼 相互理解・寛容	思いやり・感謝 礼儀 友情・信頼 相互理解・寛容
C　主として集団や社会との関わりに関すること	規則の尊重 公正・公平・社会正義 勤労・公共の精神 家族愛・家庭生活の充実 よりよい学校生活・集団生活の充実 伝統と文化の尊重・国や郷土を愛する態度 国際理解・国際親善	遵法精神・公徳心 公正・公平・社会正義 社会参画・公共の精神 勤労 家族愛・家庭生活の充実 よりよい学校生活・集団生活の充実 郷土の伝統と文化の尊重・郷土を愛する態度 我が国の伝統と文化の尊重・国を愛する態度 国際理解・国際親善
D　主として生命や自然、崇高なものとの関わりに関すること	生命の尊さ 自然愛護 感動・畏敬の念 よりよく生きる喜び	生命の尊さ 自然愛護 感動・畏敬の念 よりよく生きる喜び

出典：文部科学省「中学校学習指導要領（平成29年告示）解説特別の教科 道徳編」を基に作成

下し、衝動的な行動をとりがちだったり、欲求を抑えきれなくなったりするため、思春期・青年期が人生の分かれ目と言われることもある。一方で、この時期は良くも悪くも友達からの影響を受けやすい。そのため、思考の実行機能よりも感情の実行機能が強くなることは、仲間と共に新しいことを学んだり、新しいものを探したりすることに夢中になれるという利点もある。

　そうであれば、道徳科の授業において、何が道徳的に正しく、何が間違っているかを単に教師が一方的に知識を伝達するだけの授業では十分とは言えないだろう。知識としては分かっているけれども感情が伴わない行動や、感情を制御する必要がある場面について、感情を伴わせて、かつ、適切に感情を制御しながら、一人一人のウェルビーイングを目指すとはどういうことかを考え、議論するような道徳教育が理性的な道徳性を育むためには必要かもしれない。

　小中学校の道徳科における内容項目には、本章で取り上げた道徳的判断や道徳的感情がほとんど関わっている（表3-3）。「対話」は、人類の歴史において絶えず議論されてきたにもかかわらず誰もが納得できる答えが出せないことを、真理に向けて一所懸命に言葉を交わしていくことである[42]。このことを踏まえた上で、相手や自分に対して感じる怒りや軽蔑、恥、思いやり、同情、称賛、尊敬などの道徳的感情について、「どのような感情が『道徳的』であると考えられるか」という問題自体も、授業のテーマとして考えられるかもしれない[43]。そのような指導計画を立案する際には、幼稚園教育要領の領域「人間関係」と小中学校の道徳科の内容項目が、道徳的感情の育ちの連続性を踏まえているか、小中学校の道徳科の内容項目が道徳性の発達を踏まえたものになっているかも本章のワークシートを活用した演習などを通して、併せて考えてみてほしい。

■ワークシート「子どもと大人の壁」

　次の文章は、幼児期から中学生まで「子どもと大人」について考え続けて、大人になった方によって綴られたものです。あなたは、この思いを読み、率直にどのようなことを感じますか？

私も多くの子どもたちと同じように、大人に「なぜ？」「どうして？」と質問する子どもでした。「どうしてだろうね？」と、とことん付き合ってくれる大人もいました。「大人になったら分かる」「そう思うのは、子どもだからだ」と言う大人もいました。そのような日々が続いた5歳のある日、ふと思いました。「あぁ、そうか、大人になると子どもの気持ちが分からなくなるんだ。じゃあ、私は、今の気持ちを覚えておこう。忘れないようにしよう」と。それから私は、子どもの今だから感じている気持ちを覚えておくよう努め、繰り返し思い出すようにし、より幼い私が感じた心の質感を忘れないように過ごしました。

　ですが、周りの子どもたちは、だんだん"大人"になっていきます。大人の言うことが「おかしい」と思っても、黙って言うことを聞き、陰で不満を言います。集団の雰囲気をみて、空気を読んで、その流れを変えないように意見を出さなくもなります。多様な意見を出し合ってより良い答えを見つけようとするプロセスよりも、大多数が同意する"正解"を求め、話し合いの時間を避けるようにもなりました。意見は出さないけれども、意見を出した人への不満を出すようにもなりました。教育の場では、誠実であることを教えられますが、そのことを実践し続けるのを良しとする大人がいる一方で、"処世術"や"世渡り"の上手さで人を評価する大人がいることも分かってきました。そして私も、少しずつ、"大人"になっていきました。

　子どもの気持ちを忘れないように努めていても、より大人に近づいていく私の心は、大人になる過程で、形を変え、色を変えていきました。年を重ねるにつれ、より"大人"になることを求められ、多くの大人が良しとする枠の中に引き込まれていきました。しかしその度に、微かに残っている私の子どもの心が叫ぶのです。「この気持ちを失って見える世界は、とても狭い世界だ」と。そして、ある日「大人になるということは、子どもの気持ちを忘れ、子どもとは異なる大人として世界を広げることなのだ」と思い、大人になる寂しさを知ったのでした。

【ワークシート「子どもと大人の壁」活用例】

＜活用例１＞
　ワークシートを読み、幼児期、児童期、思春期の子どもたちにとって、何を考え、議論し続けることが、一人一人が幸せに生きるために大切だと思うか考え、議論しましょう。

＜活用例２＞
　ワークシートを読み、「子ども」と「大人」を分ける基準とは何か、考え、議論しましょう。

＜活用例３＞
　小学校高学年から中学校の道徳科の授業を想定して、ワークシートを用いた指導計画を立案してみましょう。発問を教師が準備する場合、「子どもの心を忘れない大人になるためには、どうしたらいいですか？」という発問ではなく、子どもの心を忘れてしまうのが発達であることを踏まえて、生徒が考え、議論できるよう配慮しましょう。

注）感情研究では、しばしば「感情」と「情動」が区別して用いられる。前者は、主観的経験に随伴して生じる気持ちであり、後者は主観的経験に随伴して生じる生理的変化（例：鳥肌が立つ）や表出的変化（例：表情が変わる）を包摂する（参考：遠藤利彦・石井佑可子・佐久間路子『よくわかる情動発達』ミネルヴァ書房、2014年、p.1)。本章では、感情と情動を含めて「感情」とし、情動を特に区別して用いる場合にのみ「情動」とする。

＜注＞
1) Wellman, H. M., Cross, D. & Watson, J.（2001）Meta-analysis of theory of mind development:The truth about false belief. Child Development, 72, pp.665-684.
2) Onishi, K., H. & Billargeon, R.（2005）Do 15-month-old infants understand false beliefs? Science, 308, pp.255-258.
3) Hamlin, J.K., Wynn, K., & Bloom, P.（2007). Social Evaluation by Preverbal Infatns. Nature, 450, pp.557-559.
4) 戸田有一「道徳性の発達」（井上健治・久保ゆかり（編）『子どもの社会的発達』東京大学

出版会、1997年）

5) 清水由紀「社会性の発達と文化」（長谷川真理・佐久間路子・林創（編著）『社会性の発達心理学』所収、ナカニシヤ出版、2024年）pp.183-198
6) Haidt, J. (2008) Morality Perspectives on Psychological Science, vol. 3(1), pp.65-72.
7) Haidt, J. (2001) The Emotional Dog and Its Rational Tail: A Social Intuitionist Approach to Moral Judgment. Psychological Review, 108(4), pp. 814-834.
8) ジョナサン・ハイト、高橋洋（訳）『社会はなぜ左と右にわかれるのか 対立を超えるための道徳心理学』紀伊國屋書店、2014年
9) Turiel, E. (2015). Moral Development. Lerner, R. M. (eds.) Handbook of Child Psychology and Development Science 7th edition, vol.1: Theory and Method. Wiley. pp. 484-522.（山岸明子・吉岡昌紀（訳）「13章 道徳性の発達」二宮克美・子安増生（監訳）『児童心理学・発達科学ハンドブック 第1巻 理論と方法 下：12-21章』713-769頁）
10) Smetana, J.G. (2013). Moral Dvelopment: The Social Domain Theory View. pp.832-863. Zelazo, P. D. (Ed.) The Oxford Handbook of Developmental Psychology, Vol.1 Body and Mind, Oxford University Press.
11) 苧阪直行（編）『社会脳シリーズ2 道徳の神経哲学 神経倫理からみた社会意識の形成』新曜社、2012年
12) 石津智大『神経美学－美と芸術の脳科学』共立出版、2019年
13) 有光興記「第2章 モラルと感情 1節 道徳的感情とその発達」（有光興記・藤澤文（編著）『モラルの心理学：理論・研究・道徳教育の実践』北大路書房、2015年）pp.38-47
14) 遠藤利彦「総論：情動の発達・情動と発達」（本郷一夫（監修）遠藤利彦（編著）『情動発達の理論と支援』金子書房、2021年）pp.2-20
15) Lewis, M. (2015). Emotional Development and Consciousness. Lerner, R. M. (eds.) Handbook of Child Psychology and Development Science 7th edition, vol.1: Theory and Method. Wiley. pp. 407-451.（小原倫子・中山留美子（訳）「11章 情動発達と意識」二宮克美・子安増生（監訳）『児童心理学・発達科学ハンドブック 第1巻 理論と方法 上：1-11章』pp.589-655）
16) 越中康治「仮想場面における挑発、報復、制裁としての攻撃に対する幼児の道徳的判断」『教育心理学研究』、第53巻、第4号、2005年、pp.479-490
17) 鹿子木康弘「第三者罰感情の発達的起源」『感情心理学研究』、第30巻、第1号、2023年 pp.16-22
18) マイケル・トマセロ（著）橋彌和秀（訳）『ヒトはなぜ協力するのか』勁草書房、2013年（原著2009年）
19) ジャン・ピアジェ（著）シルビア・パラット＝ダヤン＆アナスタシア・トリフォン（編）芳賀純・能田伸彦（監訳）『ピアジェの教育学－子どもの活動と教師の役割－』2005年、三和書籍（原著：1998年）
20) Tomasello, M. (2023) Differences in the Social Motivations and Emotions of Humans

and Other Great Apes. Human Nature, 34, pp.588-604.
21) マイケル・トマセロ（著）中尾央（訳）『道徳の自然誌』勁草書房、2020年（原著：2016年）
22) 砂上史子『「おんなじ」が生み出す子どもの世界－幼児の同型的行動の機能』東洋館出版社、2021年
23) 長谷川真理『子どもは善悪をどのように理解するのか？－道徳性発達の探究』ちとせプレス、2018年
24) Schmidt, M.F.H. & Rakoczy, H（2023）Children's Acquisition and Application of Norms. Annual Review of Developmental Psychology,5, pp.193-215.
25) ポール・ブルーム（著）竹田円（訳）『ジャスト・ベイビー－赤ちゃんが教えてくれる善悪の起源』NTT出版、2015年（原著：2013年）
26) 森口佑介「発達科学が発達科学であるために─発達研究における再現性と頑健性─」『心理学評論』、第59巻、第1号、2016年、pp.30-38
27) Lucca, K., et al.（2024）Infants' Social Evaluation of Helpers and Hinderers: A Large-Scale, Multi-Lab, Coordinated Replication Study. Developmental Science. 26 November. https://doi.org/10.1111/desc.13581
28) 林創「子どもの道徳性の発達」荒木寿友・藤澤文（編著）『道徳教育はこうすれば＜もっと＞おもしろい 未来を拓く教育学と心理学のコラボレーション』北大路書房）2019年、pp.140-147
29) 実行機能については、参考文献に記載されている森口の文献を参照のこと。
30) 林創「児童期の「心の理論」－大人へとつながる時期の教育的視点をふまえて」子安増生（編著）『「心の理論」から学ぶ発達の基礎－教育・保育・自閉症理解への道－』ミネルヴァ書房、2016年、pp.95-106
31) Miller, S.A.（2012）. Theory of mind: Beyond the preschool years. Psychology Press.
32) 長谷川真理「「ごめんなさい」という気持ちはどこから生まれるのか－子どもの罪悪感の発達－」『子ども学8』、2020年、pp.203-222
33) 荒木紀幸「役割取得理論　セルマン」（日本道徳性心理学会研究会（編著）『道徳性心理学 道徳教育のための心理学』北大路書房、1992年）pp.173-190
34) 本間優子『児童期における役割取得能力と学校適応の関係』ミネルヴァ書房、2020年
35) 長谷川真理「信念の多様性についての子どもの理解：相対主義、寛容性、心の理論からの検討」発達心理学研究、第25巻、第4号、2014年、pp.345-355
36) 長谷川真理「他者の多様性への寛容－児童と青年における集団からの排除についての判断－」教育心理学研究、第62巻、第1号、2014年、pp.13-23
37) Marshall, J., Yudkin, D.A., & Crockett, M.J.（2020）. Children punish third parties to satisfy both consequentialist and retributive motives. Nature Human Behaviour, 5, pp.361-368.
38) 中川美和・山﨑晃「対人葛藤場面における幼児の謝罪行動と親密性の関連」教育心理学研

究、第 52 巻、第 2 号、2004 年、pp.159-169
39）田村綾菜『謝罪と罪悪感の認知発達心理学』ナカニシヤ出版、2013 年
40）前掲書：林、2019 年
41）前掲書：長谷川、2018 年
42）納富信留『対話の技法』笠間書院、2020 年
43）武藤世良「道徳的情動　クリスチャンソンの情動教育を中心に」荒木寿友・藤澤文（編著）『道徳教育はこうすれば＜もっと＞おもしろい 未来を拓く教育学と心理学のコラボレーション』北大路書房）2019 年、pp.104-114

＜参考文献＞
伊藤理絵「第 4 章 人と社会の間でよりよくあろうとする」「TOPICS2 ルールの指導：時間を共に過ごす者として」（無藤隆（監修）・古賀松香（編著）『主体としての子どもが育つ 保育内容「人間関係」』所収、北大路書房、2024 年）pp.65-84
古賀松香・松井愛奈・佐久間路子・伊藤理絵・深津さよこ・松原未季・内田千春「領域「人間関係」の専門的事項に関する調査研究レビュー」『乳幼児教育・保育者養成研究』、第 2 号、pp.3-24、2022 年
日本道徳性心理学会研究会（編著）『道徳性心理学　道徳教育のための心理学』北大路書房、1992 年
藤田和生（編）『感情科学』京都大学学術出版会、2007 年
Buon, M. (2017) Moral Development. Hopkins, B., Geangu, E., & Linkenauger, S. (Eds.) The Cambridge Encyclopedia of Child Development 2nd Edition. Cambridge University Press. pp.431-440.
森口佑介『自分をコントロールする力：非認知スキルの心理学』講談社、2019 年
森口佑介『子どもの発達格差：将来を左右する要因は何か』PHP 研究所、2021 年
森口佑介『10 代の脳とうまくつきあう：非認知能力の大事な役割』筑摩書房、2023 年
文部科学省「小学校学習指導要領（平成 29 年告示）解説　特別の教科 道徳編」平成 29（2017）年
文部科学省「中学校学習指導要領（平成 29 年告示）解説　特別の教科 道徳編」平成 29（2017）年
文部科学省「幼稚園教育要領（平成 29 年告示）解説」平成 30（2018）年
ローレンツ・コールバーグ＆アン・ヒギンズ（著）岩佐信道（訳）『道徳性の発達と道徳教育－コールバーグ理論の展開と実践』麗澤大学出版会、1987 年

道徳性の芽生えと規範意識の芽生えの要領・
指針への導入の趣旨とその学術的背景

1．領域「人間関係」における２つの芽生えの導入の経緯

　幼稚園教育要領・保育所保育指針（以下、要領・指針という）での領域「人間関係」については、1998（平成10）年改訂の際、それまで（1989（平成元）年改訂まで）領域の項目の列挙の後に「留意事項」として若干の指導上配慮すべきことが書かれていたのが、「内容の取扱い」として積極的にその内容の指導の仕方を述べており、教育としてのあり方を進める上で重要な意義を担うようになった。2006（平成18）年の教育基本法・学校教育法の改正もその筋を明確にしている。教育基本法第２条が「教育の目標」となり、その第２に「一　幅広い知識と教養を身に付け、真理を求める態度を養い、豊かな情操と道徳心を培うとともに、健やかな身体を養うこと」とあり、知育・徳育・体育の教育の３つの柱を明確にした。

　実はその前に幼稚園教育要領ではいわば世間と保育界の要望を受ける形で「道徳性の芽生え」の記述が導入されていて、その先行をなしている。

【1998（平成10）年改訂】
　（３）道徳性の芽生えを培うに当たっては、基本的な生活習慣の形成を図るとともに、幼児が他の幼児とのかかわりの中で他人の存在に気付き、相手を尊重する気持ちをもって行動できるようにし、また、自然や身近な動植物に親しむことなどを通して豊かな心情が育つようにすること。特に、人に対する信頼感や思いやりの気持ちは、葛藤やつまずきをも体験し、それらを乗り越えることにより次第に芽生えてくることに配慮すること。

　さらに2007（平成19）年、学校教育法「第23条　幼稚園教育の目標」において「集団生活を通じて、喜んでこれに参加する態度を養うとともに家族や身近な人への信頼感を深め、自主、自律及び協同の精神並びに規範意識の芽生えを養うこと」として、規範意識の芽生えが道徳性の芽生えを含める形で明記された。それを受けて、幼稚園教育要領に以下の記述が導入された。

【2008（平成20）年改訂】
　（５）集団の生活を通して、幼児が人とのかかわりを深め、規範意識の芽生えが培

われることを考慮し、幼児が教師との信頼関係に支えられて自己を発揮する中で、互いに思いを主張し、折り合いを付ける体験をし、きまりの必要性などに気付き、自分の気持ちを調整する力が育つようにすること。

2.「道徳性の芽生え」の特徴と学術的背景

　これを知るには、文部科学省による指導事例集『幼稚園における道徳性の芽生えを培うための事例集』を参照するのが有益である。この事例集が発行された時期は、すでに要領改訂での「道徳性の芽生え」の導入がなされた後で、その趣旨を伝えるための事例を収集し、要点を解説するという解説的な役割の冊子であるが、その議論とかなりいわば穏当に揃えてあるものの、その冊子の記述から学術的背景が見える（なお、導入の際の改訂の議論では筆者（無藤）も参加し、その導入の際の心理学的な知見を紹介した記憶がある）。

　その指導資料の第1章の最初に次の基本的枠組みが提起されている。

　「道徳性の発達のためには、特に、1）他者と調和的な関係を保ち、自分なりの目標をもって、人間らしくよりよく生きていこうとする気持ち、2）自他の欲求や感情、状況を受容的・共感的に理解する力、3）自分の欲求や行動を自分で調整しつつ、共によりよい未来を作っていこうとする力が必要である。その基盤を培う時期として、幼児期は大変重要な時期であるといえる。」

　その根拠として、乳児期からの対人志向性、他者の感情に対する感受性、そこから感情や動作を抑制し調整することの発達などが指摘されている。「道徳性の発達は、乳幼児期から培われている他者への興味・関心や他者に合わせようとする基本的な信頼関係に始まり、やがて他者への共感性を豊かにしながら、自分とは違う他者を意識するようになり、自他両方の視点を考えて、自分の欲求や行動などを調整できるようになる過程を経て、達成されていく」としている。このような文書としての特性上、あえて引用をしないのであるが、ここに明らかに乳幼児期の発達研究を大幅に参照し依拠していることが分かる。研究根拠を「といえる」として論じているのである。

　この分野では、ピアジェとコールバーグがいわば古典として参照されるのであり、それを踏まえて、「幼児期は基本的に他律的な道徳性をもつ時期であるといわれる」と説明した後で、「幼児であっても、自律的な面はもっている」として保育場面等の例を持ち出し、より近年の保育研究や発達研究を支えとして、道徳性の「芽生え」としての特徴を描き出す。それは思いやりの発達であり、ルールに従うことへの意味の理解であり、そこでの遊びの意義であり、また幼児期から児童期にかけての認知的発達の発見がピアジェ後としての実証研究で多く明らかにされていることも参照している。

さらに行動抑制の働きを重視し、その他律的な大人からの指示によるだけでなく、仲間同士の遊びの中で多少とも他者の視点を取ることが生まれてきて、調整がなされることも指摘される。

以上を踏まえながら、道徳性の芽生えを培うための基本的な考え方として、その子どもを受け入れ認めること、多様な人・生き物・ものと細やかにかかわること、他者との交流・協力を大切にする、集団生活のルールやきまりの意味に繰り返し触れるとして整理している。第1章第2節を読むと、保育の実践を踏まえつつ、そこでのかかわりのあり方を丁寧に論じ、その後の 2008（平成 20）年・2017（平成 29）年の改訂へと至るつながりが見えるはずである。かなりエコロジカルな心理学の立場を導入していることが分かるのではないだろうか。

なお、そのことはこの指導資料を作成した際に、視学官である小田豊とともに、協力者の中に山岸明子（コールバーグの道徳判断の日本での適用が専門）、榎澤利彦（現象学的心理学の立場からの幼児また保育研究）、無藤隆（幼児期の発達と保育研究）がおり、理論的な議論を主導し、他の協力者が指導事例を作成したという分担であることからも分かる。

3.「規範意識の芽生え」の特徴と学術的背景

「規範意識の芽生え」は、先述したように「道徳性の芽生え」の次の改訂で導入された。その背景として、道徳性自体ではないものの、「小1プロブレム」などの問題がマスメディアで広く報道されたことから、社会のルールを守ることを幼い時期から教えるべきだという世論を考慮したことがあるだろう。同時に、前述したように、学校教育法での幼稚園のあり方を強調する中で、幼稚園教育の目標に「規範意識」が含められたことも大きい。「道徳性の芽生え」でもそうだが、すでに幼児期に道徳性や規範などにまだ無縁ないわば理解できない時期であるという捉え方から「芽生え」が現れ、それが教育可能であるという見方に転換したのである。

かといって、その規範（ここでの「規範」は「社会的ルール」と捉えてよい）を大人が示し、指導すればその通りに子どもは従うようになると要領・指針では捉えていない。規範を守ることを幼い時期から教えるべきという一部の世論の要望と異なり、保育実践とともに発達心理学の知見を踏まえて議論がなされたのである。そこには、チュリエルなどを基本として、道徳性と社会的ルールを分けるべきだという研究が含められている。

幼児でもその終わりに至る間に、普遍的に当てはまるルール（人を殺してはいけない）と社会的に変わるルール（男女の服装の違い）を区別するようになる。その上で、古典的なピアジェによるルールの道徳判断の研究におけるルールの理解が参照さ

れているはずである。さらにトマセロの規範意識の発達はすでにかなりの成果を示しており、日本語訳も出版されていたことから、その研究の一端は広まっていた（集大成の和訳として、マイケル・トマセロ著、高橋洋訳（2022/2023）『行為主体性の進化：生物はいかに「意思」を獲得したのか』（白揚社）では、目標志向、意図性、合理性、社会規範性の順として広い意味での行為のルールを乳幼児が捉え、守るようになるという）。さらに、すでに乳児期の研究はかなり進んできており、萌芽的には向社会的（援助）行動、道徳的行動、思いやり行動などが調べられ、乳児が目標志向的であること、ルールの理解と遵守が始まることなどが見いだされている。

　それらを受けて、要領・指針では「互いに思いを主張し、折り合いを付ける体験をし、きまりの必要性などに気付き、自分の気持ちを調整する」過程を強調している。ルール（規範）を知らされ、守る経験と共に、子どもがルールや約束ごとを作り出し、妥協し、作り替え、その上で守ることが肝心だとするのである。

＜参考文献＞

文部科学省「幼稚園教育要領（平成10年12月）」平成10（1998）年　https://www.mext.go.jp/a_menu/shotou/cs/1319940.htm（最終アクセス日 2024年12月5日）

文部科学省『幼稚園における道徳性の芽生えを培うための事例集』ひかりのくに、平成13（2001）年

文部科学省「幼稚園教育要領（平成20年12月）」平成20（2008）年　https://www.mext.go.jp/a_menu/shotou/new-cs/youryou/you/you.pdf（最終アクセス日2024年12月5日）

Turiel,E.（1983）The development of social knowledge: Morality and convention. Cambridge University Press.

第4章
幼児教育を踏まえた道徳教育の連続性

―― 本章を読みながら考えてほしい問い ――
　領域「人間関係」を中心として幼児教育で育んできた道徳性・規範意識の芽生えを踏まえて、小中学校において「特別の教科 道徳」を要とした道徳教育を実践する上での現状と課題を考えましょう。また、第5章以降の実践編を読んだ後、再び、この問いについて考え、課題を改善するにはどうしたらよいかを提案してください。

はじめに

　第3章では、乳幼児期からの道徳性の発達を踏まえた道徳教育について整理した。本章では、幼児教育を踏まえた道徳教育の連続性について、領域「人間関係」からつながる道徳教育の指導について考えてみたい。

　本章を読む際には、ぜひ手元に「幼稚園教育要領（平成29年3月告示）解説」「小学校学習指導要領（平成29年告示）解説　特別の教科 道徳編」「中学校学習指導要領（平成29年告示）解説　特別の教科 道徳編」を置いてほしい。そして、本書をテキストに道徳教育の指導法について学ぶ学習者それぞれが、取得を目指す教員免許状に特化して道徳教育について考えるのではなく、幼小中の連続性をもった道徳教育の指導法について考え、学習者同士でも議論してほしい。

　なお、幼小中の道徳教育の連続性を考え、議論する上では、本書のコラム3

「道徳性の芽生えと規範意識の芽生えの要領・指針への導入の趣旨とその学術的背景」およびコラム4「3つの資質・能力の連続性でつながる領域「人間関係」と道徳教育」を理解するように努めてほしい。また、本章では、「保育者」について述べる際、幼稚園教育要領に基づく場合は「教師」とする。

1　子ども理解に基づく評価の視点

　2017（平成29）年の幼稚園教育要領等の改訂における「幼児期の終わりまでに育ってほしい姿」（以下、「10の姿」という）、2021（令和3）年の幼児教育スタートプランにおける「幼保小の架け橋プログラム」、2022（令和4）年度から開始された「幼保小架け橋プログラム事業」以降、現在、幼児教育の質の向上と小学校教育との円滑な接続が実現する幼小接続教育の実践がますます求められている。2023（令和5）年に中央教育審議会初等中等教育分科会幼児教育と小学校教育の架け橋特別委員会より提示された「学びや生活の基盤をつくる幼児教育と小学校教育の接続について〜幼保小の協働による架け橋期の教育の充実〜」によると、「幼保小架け橋プログラム」は幼児教育施設の年長児（5歳児）4月から小学校1年生3月までの2年間を「架け橋期」として、当該時期の教育（架け橋期の教育）において、それぞれの教育が充実するために幼保小の教職員が相互理解を図って円滑な接続を実現することに取り組むことを目的としている。

　幼保小の接続教育が今後ますます推進されていく状況にあるが、当然のことながら、幼児教育と小学校教育だけが円滑に接続していればよいのではない。学校における道徳教育について、「小学校学習指導要領（平成29年告示）解説　特別の教科 道徳編」にも「中学校学習指導要領（平成29年告示）解説　特別の教科 道徳編」にも、子どもの発達段階を踏まえた道徳教育を行うべきであることが以下のように明記されている（下線は筆者による）。

【小学校「第2章道徳教育の目標　第1節　道徳教育と道徳科」の解説より】
　学校における道徳教育は、児童の発達の段階を踏まえて行われなければならな

い。その際、多くの児童がその発達の段階に達するとされる年齢は目安として考えられるものであるが、児童一人一人は違う個性をもった個人であるため、それぞれ能力・適性、興味・関心、性格等の特性等は異なっていることにも意を用いる必要がある。<u>発達の段階を踏まえると、幼児期の指導から小学校、中学校へと、各学校段階における幼児、児童、生徒が見せる成長発達の様子やそれぞれの段階の実態等を考慮して指導を進めることとなる。</u>その際、例えば、小学校の時期においては、6年間の発達の段階を考慮するとともに、<u>幼児期の発達の段階を踏まえ、</u>中学校の発達の段階への成長の見通しをもって、小学校の時期にふさわしい指導の目標を明確にし、指導内容や指導方法を生かして、計画的に進めることになる。しかし、この捉え方だけでは十分とは言えない。道徳科においては、発達の段階を前提としつつも、指導内容や指導方法について考える上では、個々人としての特性等から捉えられる個人差に配慮することも重要となる。児童の実態を把握し、指導内容、指導方法を決定してこそ、適切に指導を行うことが可能となる。

【中学校「第2章道徳教育の目標　第1節　道徳教育と道徳科」の解説より】

　学校における道徳教育は、生徒の発達の段階を踏まえて行われなければならない。その際、多くの生徒がその発達の段階に達するとされる年齢は目安として考えられるものであるが、生徒一人一人は違う個性をもった個人であるため、それぞれ能力・適性、興味・関心、性格等の特性等は異なっていることにも意を用いる必要がある。<u>発達の段階を踏まえると、幼児期の指導から小学校、中学校へと、各学校段階における幼児、児童、生徒が見せる成長発達の様子やそれぞれの段階の実態等を考慮して指導を進めることとなる。</u>その際、例えば、中学校の時期においては、3学年間の発達の段階を考慮するとともに、特に中学校に入学して間もない時期には小学校高学年段階における指導との接続を意識しつつ、また学年が上がるにつれて高等学校等における人間としての在り方生き方に関する教育への見通しをもって、それぞれの段階にふさわしい指導の目標を明確にし、指導内容や指導方法を生かして、計画的に進めることになる。しかし、この捉え方だけでは十分とは言えない。道徳科においては、発達の段階を前提としつつも、

指導内容や指導方法を考える上では、個々人としての特性等から捉えられる個人差に配慮することも重要となる。生徒の実態を把握し、指導内容、指導方法を決定してこそ、適切に指導を行うことが可能となる。

　小学校においても中学校においても、幼児期からの発達を考慮した指導を重視していることが分かる。幼児期の教育は、5領域（健康・人間関係・環境・言葉・表現）全体を通して育まれる。保育者は、5領域全体を通して、子どもの自発的な活動としての遊びを中心とした生活を重ねていくよう配慮する。幼児が発達していく方向を意識し、それぞれの時期にふさわしい指導を積み重ねていくことで、「幼児期の終わりまでに育ってほしい姿」である、いわゆる「10の姿」となって現れてくる。10の姿は、5領域の「ねらい」と「内容」に基づく子どもの活動全体を通して、資質・能力（「知識及び技能の基礎」「思考力、判断力、表現力等の基礎」「学びに向かう力、人間性等」）が育まれている幼児期の教育修了時の具体的な姿であり、保育者が指導を行う際に考慮するものでもある。特に、架け橋期における教育では、10の姿を共通言語に幼児教育と小学校教育に携わる保育者・教育者が子どもの育ちを語り合うことが重要である。

　10の姿は、一つの領域のみで育まれるわけではない。つまり、領域「人間関係」（他の人々と親しみ、支え合って生活するために、自立心を育て、人と関わる力を養う領域）のみで育まれるものではない。5領域全体を通して育まれるのが10の姿である。そのことに留意した上で、特に、領域「人間関係」を中心に育まれるものとして、以下に示す「自立心」「協同性」「道徳性・規範意識の芽生え」「社会生活との関わり」が挙げられている。

　【自立心】
　　身近な環境に主体的に関わり様々な活動を楽しむ中で、しなければならないことを自覚し、自分の力で行うために考えたり、工夫したりしながら、諦めずにやり遂げることで達成感を味わい、自信をもって行動するようになる。

【協同性】
　友達と関わる中で、互いの思いや考えなどを共有し、共通の目的の実現に向けて、考えたり、工夫したり、協力したりし、充実感をもってやり遂げるようになる。

【道徳性・規範意識の芽生え】
　友達と様々な体験を重ねる中で、してよいことや悪いことが分かり、自分の行動を振り返ったり、友達の気持ちに共感したりし、相手の立場に立って行動するようになる。また、きまりを守る必要性が分かり、自分の気持ちを調整し、友達と折り合いを付けながら、きまりをつくったり、守ったりするようになる。

【社会生活との関わり】
　家族を大切にしようとする気持ちをもつとともに、地域の身近な人と触れ合う中で、人との様々な関わり方に気付き、相手の気持ちを考えて関わり、自分が役に立つ喜びを感じ、地域に親しみをもつようになる。また、幼稚園内外の様々な環境に関わる中で、遊びや生活に必要な情報を取り入れ、情報に基づき判断したり、情報を伝え合ったり、活用したりするなど、情報を役立てながら活動するようになるとともに、公共の施設を大切に利用するなどして、社会とのつながりなどを意識するようになる。

　ここで注目してほしいのは、後述するように「道徳性・規範意識の芽生え」にある「きまりをつくったり、守ったりする」という姿である。道徳教育の教科化では、発達段階を踏まえ、ルールやマナー等の意義や役割そのものについても考えを深め、さらには、必要があればそれをよりよいものに変えていく力を育てることを目指している。ルール（きまり）は、守るものでもあるが、自分にとっても他者にとっても、みんながウェルビーイングを感じられるようによりよく変えてもよいものである。つまり、幼児教育でも自らが社会をつくる担い手である実感を育むことを目指しているのである。
　そのことが「道徳性・規範意識の芽生え」の解説において、友達と一緒に心

地よく生活したり、より遊びを楽しくしたりするために、きまりを守ることだけでなく、自分の気持ちの調整や他者と折り合いをつけながら、より面白くなるように遊びのルールをつくり替えたり、より良いきまりをつくったりすることとして言及されている。加えて、「自分の行動が正しいと思っていても、話し合いの中で友達の納得できない思いを受け止めたり、友達に気持ちを受け止めてもらったことで、自分の行動を振り返って相手に謝ったり、気持ちを切り替えたりするなどの姿が見られる」ともしている。考え、議論する道徳としての論理的な思考を幼児なりに育んでいる姿が示されているように思われる。よって、保育者は、子どもが他者との葛藤経験を通して、子どもたち自身で仲間と一緒に楽しく過ごすための新しいルールを作り出すような姿をも念頭に置いて適切に関わる必要があろう。

　なお、領域「人間関係」のねらいの解説では、何よりもまず、教師との信頼関係を築くことが必要であるとしている。人と関わる力の基礎は、保護者などの周囲の人々に温かく見守られているという安心感、安心感から生まれる人に対する信頼感、さらにその信頼感に支えられて自分自身の生活を確立していくことで培われるとし、それは教師との信頼関係という基盤があってこそ育まれるとするのである。

2　計画性・柔軟性・省察性

　領域「人間関係」を中心に育まれる姿を踏まえて、小中学校ではどのように道徳科の指導をしていけばよいのだろうか。幼児教育から中学校教育までの教育は、「育みたい資質・能力」によって学びの連続性が保障されている（コラム４「３つの資質・能力の連続性でつながる領域「人間関係」と道徳教育」参照）。加えて、幼小中の道徳教育の連続性のキーワードは、「評価の視点」であるように思われる。幼児教育と道徳科では、子どもへの評価の考えが共通しており、子どもをみる視点が変わらないのである。以下で、このことを確認していこう。

　幼稚園教育要領の「第１章　総説　第４節　指導計画の作成と幼児理解に基

づいた評価」における「1　指導計画の考え方」で次のように述べている。

> 　幼稚園教育は、幼児が自ら意欲をもって環境と関わることによりつくり出される具体的な活動を通して、その目標の達成を図るものである。
> 　幼稚園においてはこのことを踏まえ、幼児期にふさわしい生活が展開され、適切な指導が行われるよう、それぞれの幼稚園の教育課程に基づき、調和のとれた組織的、発展的な指導計画を作成し、幼児の活動に沿った柔軟な指導を行わなければならない。

　この点について、幼稚園教育要領解説では、一人一人の子どもが教師や他児との集団生活の中で、周囲の様々な環境に関わり、主体性を発揮して営む生活は、生きる力の基礎を培う上で極めて重要な意義をもつこと、環境が発達に応じたものになっていなかったり、活動に対して適切な指導がなされなかったりすると子どもの興味や関心が引き起こされないこと、そのため、子どもが主体的に環境と関わることを通して自らの発達に必要な経験を積み重ねるためには、園生活が計画性をもったものでなければならないとしている。
　また、子どもに対する具体的な指導においては、あらかじめ立てた計画に縛られることなく、計画を念頭に置きながらも、それぞれの実情に応じた柔軟な指導をすることが求められてもいる。つまり、「指導計画」とは、計画性と柔軟性を保障するためのものであり、決して、教師が計画した通りに子どもを動かすものではないとする。
　その上で、「4　幼児理解に基づいた評価の実施（1）評価の実施」には、次のように示されている（下線は筆者による）。

> 　幼児一人一人の発達の理解に基づいた評価の実施に当たっては、次の事項に配慮するものとする。
> 　（1）<u>指導の過程を振り返りながら幼児の理解を進め</u>、<u>幼児一人一人のよさや可能性などを把握し、指導の改善に生かすようにすること</u>。その際、<u>他の幼児との比較や一定の基準に対する達成度についての評定によって捉えるものではない</u>

ことに留意すること。
　(2) <u>評価の妥当性や信頼性が高められるよう創意工夫</u>を行い、組織的かつ計画的な取組を推進するとともに、次年度又は小学校等にその内容が<u>適切に引き継がれるようにすること</u>。

　幼児教育における評価は、子どもを評価するよりも先に、教師自身が「指導の過程を振り返りながら」子ども理解を深めていくことであるとする。幼児教育における指導計画と評価の特徴は、計画性・柔軟性・省察性であると言えそうである。
　これらの点について、幼稚園教育要領解説で、さらにみてみよう。子ども理解に基づく評価をするにあたり、幼児期にふさわしい教育の実践で必要なことは、一人一人の子どもに対する理解を深めることである。それは、教師が子どもと生活を共にしながら、子どもが今、何に興味をもっているのか、何を実現しようとしているのか、何を感じているのかなどを捉え続けていくことであり、子どもを理解するからこそ、子どもの発達に必要な体験を得るための環境構成や教師の関わりが適切なものになるとしている。教師には、子ども理解に基づいて必要な援助を重ねていくこと、子どもの活動の展開に応じて柔軟で多様な関わりを行うことが求められている。
　また、「ただし、教師が望ましいと思う活動を、一方的に幼児に行わせるだけでは、一人一人の発達を着実に促すことはできない。幼児の発達は、たとえ同年齢であってもそれぞれの幼児の生活経験や興味・関心などによって一人一人異なっている。一見すると同じような活動をしているようでも、その活動が一人一人の幼児の発達にとってもつ意味は違っている。したがって、日々の保育の中では、それぞれの幼児の生活する姿から、今経験していることは何か、また、今必要な経験は何かを捉え、それに応じた援助をすることが大切である。」と強調している。指導計画だけでなく、子ども理解を深めるためにも"柔軟性"を重視しているのである。
　子ども理解に基づいた評価で大切にしているのは「行動の仕方や考え方などに表れたその子らしさ」である。一人一人の子どもが、そのよさを発揮しつ

つ、育っていく過程を重視し、一人一人の子どもの「よさと可能性」を理解するのである。その際に、教師は、子どもが自分の心の動きを言語のみで伝えるとは限らないことに留意し、子どもが身体全体で表現する思いや気持ちを丁寧に感じ取ろうとすることを大切にするのである。小学校と中学校の道徳科における評価でも、学習指導要領解説において、児童・生徒の一人一人のよさや可能性などの多様な側面を把握し、他者との比較をしたり数値などで評価したりするのではなく、教師と児童・生徒の温かな人格的な触れ合いに基づいて、共感的に理解する姿勢が求められている（第5章参照）。

　領域「人間関係」と道徳教育において、子どもが教師から「よさや可能性をみてもらえている」と信じられる関係性を築くには、どうしたらよいだろうか。そこで重要になってくるのが、子ども理解に基づく評価に重要な"省察性"であると思われる。

　青年期は、他者と自分を比較する気持ちが強まることで、自尊心の低さや羞恥心、屈辱感が生じやすくもなる。それは、自分を内省する力が発達するにつれ、良くも悪くも他者が自分よりも上か下かという社会的比較をできるようにもなってしまうからこそ生じる感情である。人から比べられたくないと思いながら、人と比べてしまうのが大人なのであれば、そのような一般的に人がもつ傾向を自覚した上で、大人である教師がまず先に、自身を振り返り、他者と比較せずに自分と相手のよさをみようとしているかを省察する必要があると思われる。

　先述したように、子ども理解に基づく評価で何よりも重要なことは、子どもを評価するよりも先に、教師自身の指導の過程の省察とされている。「4　幼児理解に基づいた評価の実施（1）評価の実施」の解説には、「評価の実施に当たっては、指導の過程を振り返りながら、幼児がどのような姿を見せていたか、どのように変容しているか、そのような姿が生み出されてきた状況はどのようなものであったかといった点から幼児の理解を進め、幼児一人一人のよさや可能性、特徴的な姿や伸びつつあるものなどを把握するとともに、教師の指導が適切であったかどうかを把握し、指導の改善に生かすようにすることが大切である」としている。

加えて、子ども一人一人のよさや可能性などを把握していく時の留意点として、「教師自身の教育観や幼児の捉え方、教職経験等が影響することを考慮する必要がある」ともある。教師は自分の思い込みや無意識に投影する子ども観や子育て観を含めて、子どもに対して独り善がりの評価にならないように常に自分自身を振り返ることが大切なのである。しかし、それは一人で行うのではない。「そのためにも、他の教師との話し合い等を通して、教師は自分自身の幼児に対する見方の特徴や傾向を自覚し、幼児の理解を深めていかなくてはならない」として、他の教師と協働的に子どもを理解することを促している。それが、評価の妥当性や信頼性の確保につながっていくのである。

　また、子どもの発達の状況については、日頃から保護者に伝えるなどして家庭と連携することや、小学校等と情報を共有化する工夫の必要性も示されている。小学校でも中学校でも、一人一人のよさや可能性を理解して道徳教育を実践するために、幼児期から一人一人の子どもたちが育まれてきた過程を理解し、子どもの育ちの連続性を保障する必要があろう。

3　「手続きの道徳性」を育む

　幼稚園教育要領の領域「人間関係」のねらいは、以下の3つである。

（1）幼稚園生活を楽しみ、自分の力で行動することの充実感を味わう。
（2）身近な人と親しみ、関わりを深め、工夫したり、協力したりして一緒に活動する楽しさを味わい、愛情や信頼感をもつ。
（3）社会生活における望ましい習慣や態度を身に付ける。

　ここから、あなたは、どのような子どもの姿を思い浮かべるだろうか。特に、子どもが「社会生活における望ましい習慣や態度を身に付ける」ときの姿は、どのようなものだろうか。ここまで本章を読んできたあなたは、大人に従順に従う子どもではないことが、直感的に分かるのではないだろうか。
　領域「人間関係」の「内容の取扱い（4）」の解説には、以下のようにある。

幼児は信頼し、尊敬している大人の言葉や行動に基づいて何がよくて何が悪いのかの枠をつくっており、教師の言動の影響は大きい。特に、生命や人権に関わることなど人としてしてはいけないことに対しては、悪いと明確に示す必要がある。このように、教師はときには、善悪を直接的に示したり、また、集団生活のきまりに従うように促したりすることも必要になる。また、それだけでなく、他者とのやり取りの中で幼児が自他の行動の意味を理解し、何がよくて何が悪かったのか考えることができるように、それまで気付かなかったことに気付くように働き掛け、援助していくことが重要である。

　さらに、先述した10の姿の一つである「道徳性・規範意識の芽生え」について、改めて、解説の次の箇所をみておこう。

　それぞれの幼児が自分の体験を基に、友達の気持ちに共感したり、状況を解決するために提案したりすることにより続ける遊びは、今までよりももっと楽しくなっていく。その過程では、自分の行動が正しいと思っていても、話し合いの中で友達の納得できない思いを受け止めたり、友達に気持ちを受け止めてもらったことで、自分の行動を振り返って相手に謝ったり、気持ちを切り替えたりするなどの姿がある。このような出来事を交えながら更に遊び込む中で、より面白くなるようにルールをつくり替えたり、年下の幼児が加われば、仲間として一緒に楽しめるように特例をつくったりするようになる。

　ここからも、幼児教育では決して大人に対して従順な子どもを育てる教育を目指しているわけではないことが分かるだろう。子どもが自分もみんなもより楽しくなるように、より良いルールを創ることも含めて、「社会生活における望ましい習慣や態度」を身に付けてほしいと願っているのである。
　「考え、議論する」教育で重んじられるべきことは、特定の価値観を無批判に普遍化・絶対化して子どもに押し付ける価値注入型の道徳教育ではなく、主体的で対話的な「手続きの道徳性」である[1]。そこでの道徳性の根本原理の一

つは他者への配慮であり、多様な他者との対話を通して他者理解はなされる。また、手続きの道徳性には、道徳規則や判断の正当性を確保され、集団的に熟議し反省的に思考するプロセスとしての民主的なプロセスが含まれているべきであるとされている。

　以降の実践編には、幼小中における保育・教育の実践が紹介されている。本章のワークシートで自身の子ども観、教師観を省察した上で実践編で紹介されている実践から、幼児期の発達と教育を踏まえた道徳教育の連続性における課題と展望について考え、議論してみよう。また、改善点を出し合い、できることから実践してみてほしい。

【ワークシート「教師のあなた、子どものあなた」活用例】
　道徳性・規範意識の観点から作成されている絵本を探してみよう。探した絵本の中から、あなたが保育者として幼児に読み聞かせをしたいと思う絵本ベスト3を選んでみよう。なぜあなたは保育者として、その絵本を選んだのだろうか。保育者として読んでみたとき、どのようなことを感じたり考えたりするだろうか。また、あなたが幼児だったら、読み聞かせをしてもらってどのようなことを思ったり、考えたりするだろうか。
　次に、各学年の道徳科教科書で取り上げられている内容から、あなたが児

■ワークシート「教師のあなた、子どものあなた」

No.	お話（絵本・教科書）			
	タイトル	作者（作・絵）	出版社	発行年
1				
2				
3				

童・生徒に読んでもらいたいと思うお話ベスト3を選んでみよう。なぜあなたは教師として、そのお話を選んだのだろうか。教師として読んでみたとき、どのようなことを感じたり考えたりするだろう。また、あなたが児童・生徒だったら、そのお話を読んでどのようなことを思ったり、考えたりするだろうか。

それぞれのお話（絵本・教科書）について、教師としてのあなたの思いと、子どもとしてのあなたの思いについて、ワークシートにまとめ、自分の教育観や子ども観について省察しよう。また、他の人たちとも意見交換してみよう。

教師のあなた	子どものあなた

<注>
1) 日本学術会議哲学委員会哲学・倫理・宗教教育分科会「報告　道徳科において「考え、議論する」教育を推進するために」2020 年 https://www.scj.go.jp/ja/info/kohyo/pdf/kohyo-24-h200609.pdf（最終アクセス日 2024 年 12 月 1 日）

<参考文献>
無藤隆（監修）・古賀松香（編著）『主体としての子どもが育つ 保育内容「人間関係」』、北大路書房、2024 年　（特に、「道徳性・規範意識の芽生え」については、伊藤理絵「第 4 章 人と社会の間でよりよくあろうとする」及び「TOPICS2 ルールの指導：時間を共に過ごす者として」65-84 頁を参照のこと）
中央教育審議会（2014）「道徳に係る教育課程の改善等について（答申）」https://www.mext.go.jp/b_menu/shingi/chukyo/chukyo0/toushin/__icsFiles/afieldfile/2014/10/21/1352890_1.pdf（最終アクセス日 2024 年 12 月 7 日）
中央教育審議会初等中等教育分科会 幼児教育と小学校教育の架け橋特別委員会「学びや生活の基盤をつくる幼児教育と小学校教育の接続について〜幼保小の協働による架け橋期の教育の充実〜」2023 年 https://www.mext.go.jp/content/20220307-mxt_youji-1258019_03.pdf（最終アクセス日 2024 年 12 月 1 日）
文部科学省「幼稚園教育要領（平成 29 年告示）解説」平成 30（2018）年
文部科学省「小学校学習指導要領（平成 29 年告示）解説　特別の教科 道徳編」平成 29（2017）年
文部科学省「中学校学習指導要領（平成 29 年告示）解説　特別の教科 道徳編」平成 29（2017）年
渡辺弥生『感情の正体－発達心理学で気持ちをマネジメントする』筑摩書房、2019 年

第5章
道徳科の実践に向けて

本章を読みながら考えてほしい問い

　本章は道徳科の実践に向けて押さえておくべき目標と内容、それらに基づく指導計画、さらには指導への評価について整理する。さらに筆者は授業実践者として日頃から子どもたちと道徳教育に携わっており、実践から道徳科をいかにとらえているのか、第三者の解説を経たあと補足する。学習指導要領の文言を紐解きながら実践の要点を論じる構成になっている。

1　道徳科の目標と内容について

（1）道徳科の目標

　まず始めに道徳科の目標について押さえていく。道徳科の目標を理解することなくして具体的な道徳科の実践構想はできない。本章では適宜 2017（平成29）年に告示された小学校学習指導要領における特別の教科 道徳の解説編から重要な記述を枠囲みにして記載する。引用内のページ番号（p.）は解説編のページを示している。また下線は筆者によるものである。

　　（前略）よりよく生きるための基盤となる道徳性を養うため、道徳的諸価値についての理解を基に、自己を見つめ、物事を多面的・多角的に考え、自己の生き方についての考えを深める学習を通して、道徳的な判断力、心情、実践意欲と態

度を育てる。(p.16)

　よりよく生きる基盤となる道徳性を養うことが、道徳科におけるもっとも重要な目標であろう。また道徳科の目標を達成するにあたり、道徳科の時間のみではなく、学校の教育活動全体を活用して適切な指導を行うことが求められていることへも意識しておく必要がある。およそ週に１回の道徳科の学習だけでは、学習者のよりよく生きる基盤となる道徳性にはつながらない。広い視野で学習者を見つめ、適切な働きかけを教師が行わなければならない。
　具体的な学習を構想するうえで次の記述は重要である。

　　（前略）道徳科の中で道徳的価値の理解のための指導をどのように行うのかは、授業者の意図や工夫によるが、自立した人間として他者と共によりよく生きるための基盤となる道徳性を養うには、道徳的価値について理解する学習を欠くことはできない。また、<u>指導の際には、特定の道徳的価値を絶対的なものとして指導したり、本来実感を伴って理解すべき道徳的価値のよさや大切さを観念的に理解させたりする学習に終始することのないように配慮することが大切である。</u>(p.18)

　道徳科の課題として以前から道徳的価値の教え込みが指摘されてきた。道徳科の教材に示されている人物の心情を抽出して考え、「本来はこう考えることが重要だ」と学級全員の学習者が一様に理解することを目指す授業スタイルである。しかし、これでは学習者にとって重要な道徳的価値の実感を伴う理解が不十分となる（具体的な道徳科の実践については、第６章で校種ごとに紹介する）。この課題を克服するために「考え、議論する」道徳の実現が叫ばれていることを念頭に置いておきたい。

(２) 道徳科の内容
　中学校もほぼ同様であるが、小学校学習指導要領では道徳教育の目標を達成するために４つの内容を学年・学校段階に分けて示している。それは「A　主

として自分自身に関すること」「B 主として人との関わりに関すること」「C 主として集団や社会との関わりに関すること」「D 主として生命や自然、崇高なものとの関わりに関すること」である。さらに、それぞれの内容は細かに分類され、学年ごとに項目設定されている。内容項目を読み解く上での留意点として、次のような記載が学習指導要領で見られる。

　　（前略）ここに挙げられている内容項目は、児童が人間として他者とよりよく生きていく上で学ぶことが必要と考えられる道徳的価値を含む内容を、短い文章で平易に表現したものである。また、内容項目ごとにその内容を端的に表す言葉を付記している。これらの内容項目は、児童自らが道徳性を養うための手掛かりとなるものである。なお、その指導に当たっては、内容を端的に表す言葉そのものを教え込んだり、知的な理解にのみとどまる指導になったりすることがないよう十分留意する必要がある。（後略）（p.22）

　わかりやすく端的に示されている内容項目を学習者が額面通りに受け取って終わりとさせない学習のデザインを教師は考えなければならない。

2　道徳科の指導計画について

（1）道徳科における指導計画
　道徳科における指導計画を考える上で以下のような記述に注目する。

　　（前略）これは本来、人間としてよりよく生きる上で必要な道徳的価値はいずれの発達の段階においても必要なものではあるが、小学校の6学年間及び中学校の3学年間を視野に入れ、児童の道徳的価値を認識できる能力の程度や社会認識の広がり、生活技術の習熟度及び発達の段階などを考慮し、最も指導の適時性のある内容項目を学年段階ごとに精選し、重点的に示したものである。したがって、各学年段階の指導においては、常に全体の構成や発展性を考慮して指導していくことが大切である。

なお、指導する学年段階に示されてはいない内容項目について指導の必要があるときは、他の学年段階に示す内容項目を踏まえた指導や、その学年段階の他の関連の強い内容項目に関わらせた指導などについて考えることが重要である。また、以上の趣旨を踏まえた上で、特に必要な場合は、他の学年段階の内容項目を加えることはできるが、当該学年段階の内容項目の指導を全体にわたって十分に行うよう配慮する必要がある。(p.24)

学習者がよりよく生きる基盤となる道徳性は一朝一夕で形成されるものではなく、学校教育全体あるいは学習者の人生をかけてゆっくりと構築されるべきものだ。ゆえに、学習者が持つ一つ一つの学習経験や既有知識が相互作用を起こし、豊かに学びが展開できることを目指した教師の指導計画性が求められる。
指導計画の具体的な検討にあたっては以下の記述を参考にしたい。

　　年間指導計画は、道徳科の指導が、道徳教育の全体計画に基づき、児童の発達の段階に即して計画的、発展的に行われるように組織された全学年にわたる年間の指導計画である。具体的には、道徳科において指導しようとする内容について、児童の実態や多様な指導方法等を考慮して、学年段階に応じた主題を構成し、この主題を年間にわたって適切に位置付け、配列し、学習指導過程等を示すなど授業を円滑に行うことができるようにするものである。(pp.72-73)

実際の年間指導計画は各学校で作成されるが、道徳の教科書を出版する教科書会社もホームページ上で年間指導計画の資料を公開している。実際の年間計画をもとに、年間の道徳科における指導がどのように展開されるのかを確認することが重要である。教科書会社が作成する年間指導計画は学習指導要領に基づき内容項目を網羅的かつ系統的に構成している点で大変参考になる。しかし、あくまでも教科書会社が示す年間指導計画は「資料」の位置づけであり、各学校は、実態に応じてその学校の学習者にもっとも効果があると考えられる年間指導計画を以下のように個別に検討する必要がある。

各学校においては、児童や学校の実態などを考慮して道徳教育の目標を設定し、重点的な指導を工夫することが大切である。重点的指導とは、各学年段階で重点化されている内容項目や学校として重点的に指導したい内容項目をその中から選び、教育活動全体を通じた道徳教育において具体的な指導を行うことである。(p.25)

　ここに示されている重点的指導を考えるにあたっては各学校や各学年の実態に応じることが重要である。「○○小学校の子どもたちをとりまく環境は……である。子どもたちの道徳性を考える上で、特に——を大切に指導したい」「今年受け持つ○年生の子どもたちは、……という雰囲気がある。よりよい学年にしていくためには——を重点的に指導していこう」など、まず教育の対象となる子どもたちの道徳性に関する現状分析が豊かな道徳科実践の第一歩になる。

(2) 指導計画をもとに実践を行う際の留意点

　各学校、各学年に応じて柔軟な年間指導計画の構築が求められる。しかし、入念に計画を準備しつつも、実践の際には目の前の子どもたちの状況に応じて変更したり、刷新したりすることを念頭に置いておくのも重要である。学級という一つの共同体は、そこで生活する子どもたちの日々の出来事と共に成長していく。それは、休み時間のボールの貸し借りをめぐるトラブルから、生活科の学習で感じた地域の大人のやさしさなど実に多岐にわたる。さらに、それらの出来事は当然ながら予測不可能である。しかし、道徳科の実践を行ううえではこのような予測不可能でありながらも、子どもたちの学びの質をさらに深めるような出来事を効果的に活用したい。つまり、目の前の子どもたちにとって「一番響くタイミング」をつねに授業者である教師は探っておかなければならない。「一番響くタイミング」は学級によって様々である。年間指導計画と一致することばかりではない。子どもたちの道徳性を豊かにしていく教師は、勇気をもって計画を変更していかなければならない。そして、何よりもそのようなまなざしをもつこと自体が道徳科の実践の始まりともいえる。

ただし、道徳科の年間指導計画の変史は、責任者の許可を得ることも含めて慎重にすべきことも併せて付記しておく。なぜならば、年間指導計画は各学校の担当者が時間をかけて編成したものであり、その時点ですでに学校や学年の実態を十分に反映したものといえるからである。道徳科の授業を紡ぎあげていく上で、教師として教えたいことと、子どもの学びたいことをいかに織り交ぜていくのか、計画性と子どもたちとの日々のやり取りに生まれる即興性とのバランスを考えた実践の展開は教育現場における永遠の課題といえる。

　子どもたちと実際に関わる教師の省察が、次回の年間指導計画の作成に反映されていくとより効果的な道徳科の実践の構築につながっていく。学校や学年全体を挙げて道徳科実践の反省を蓄積していくことが必要である。実践、振り返り、修正、そして次の実践を繰り返すことで、その学校の子どもたちにより響く道徳科の年間計画が確立される。

3　道徳科の評価について

　評価についても述べておきたい。評価を考えることは翻って指導を考えることと同義である。筆者による提案も含めて道徳科の評価について論じることは、第6章の実践を考える上で重要な意味をもつ。

（1）道徳科で求められる評価のあり方
　道徳科の評価を考える上では、学習指導要領における次の文言を注視する必要がある。道徳科における評価の基本的姿勢である。

>　　児童の学習状況や道徳性に係る成長の様子を継続的に把握し、指導に生かすよう努める必要がある。ただし、<u>数値などによる評価は行わないもの</u>とする。
>　　（p.107）

　学習評価を考えると、学習者である子どもの立場からいえば、それは学びの成果を実感し、次なる学びへと方向づけていく。一方、教える側の教師の立場

からいえば、それは指導の改善に資する情報を収集する行為でもある。いずれにしても、道徳科の学びを評価する際には数的な評価を行わない。それは、学習者の道徳科としての学びを数字に置き換えることが難しく、数値に置き換えようとした途端に学びの実態から離れてしまうことを意味する。それでは、道徳科の評価では学習者のどの姿に着目すればよいのか。学習指導要領では以下のように示されている。

> （前略）評価に当たっては、特に、学習活動において児童が道徳的価値やそれらに関わる諸事象について他者の考え方や議論に触れ、自律的に思考する中で、<u>一面的な見方から多面的・多角的な見方へと発展しているか、道徳的価値の理解を自分自身との関わりの中で深めているか</u>といった点を重視することが重要である。（後略）（p.110）

　道徳科で学ぶ子どもの姿は多様に想定され、実際に表出される姿も多岐にわたる。しかし、教師はすべての子どもの価値ある学びの姿をすべて見取ることは現実的にはできない。そこで、ある一定の「目印」となるものが必要となる。焦点を絞ることで子どもの学びを評価することが可能となる。その目印となるのが「一面的な見方から多面的・多角的な見方へと発展させているかどうか」「道徳的価値の理解を自分自身との関わりの中で深めているかどうか」である。この２つの視点に対して次のような説明がある。

> 　児童が一面的な見方から多面的・多角的な見方へと発展させているかどうかという点については、例えば、<u>道徳的価値に関わる問題に対する判断の根拠やそのときの心情を様々な視点から捉え考えようとしていること</u>や、<u>自分と違う立場や感じ方、考え方を理解しようとしていること、複数の道徳的価値の対立が生じる場面において取り得る行動を多面的・多角的に考えようとしていること</u>を発言や感想文、質問紙の記述等から見取るという方法が考えられる。
> 　道徳的価値の理解を自分自身との関わりの中で深めているかどうかという点についても、例えば、<u>読み物教材の登場人物を自分に置き換えて考え、自分なりに</u>

具体的にイメージして理解しようとしていることに着目したり、現在の自分自身を振り返り、自らの行動や考えを見直していることがうかがえる部分に着目したりするという視点も考えられる。また、道徳的な問題に対して自己の取り得る行動を他者と議論する中で、道徳的価値の理解を更に深めているかや、道徳的価値を実現することの難しさを自分のこととして捉え、考えようとしているかという視点も考えられる。(p.111)

　下線で強調した部分を評価しようとする時、当然のことながら多様な視点や立場から多面的・多角的に考えたりする姿が表出できる活動を授業の中に取り入れる必要がある。まさしくそれこそが「考え、議論する」道徳である。道徳科の学習の中で、多角的・多面的な見方へと発展させるためには様々な視点からの捉え直しが求められる。他者との議論はその機会を保障する。道徳的価値の理解を自分自身との関わりの中で深めるためには、自問自答が重要である。議論を通して考えることは、自己との対話を活性化させる。
　さらに、評価を具体的にどのような手法で行うのかも考えておかなければならない。以下の記述を参照したい。

　　授業において児童に考えさせることを明確にして、「道徳的諸価値についての理解を基に、自己を見つめ、物事を多面的・多角的に考え、自己の生き方についての考えを深める」という目標に掲げる学習活動における児童の具体的な取組状況を、一定のまとまりの中で、児童が学習の見通しを立てたり学習したことを振り返ったりする活動を適切に設定しつつ、学習活動全体を通して見取ることが求められる。
　　その際、個々の内容項目ごとではなく、大くくりなまとまりを踏まえた評価とすることや、他の児童との比較による評価ではなく、児童がいかに成長したかを積極的に受け止めて認め、励ます個人内評価として記述式で行うことが求められる。(p.110)

　道徳科において到達度評価の実施は望ましくない。道徳性を養ううえで「こ

こまでできたら大丈夫」といった線引きは不可能だからである。それよりも、学習時間の中で学習者がどのように道徳的諸価値に向き合ってきたかが重要となる。学習指導要領が示すように、個人内評価が妥当な評価方法である。

ただし、個人内評価を実施するにしても、すべての学習者が自分の道徳性を文章として表現できるとは考えられない。また、そもそも道徳性とは記述できるものであるかどうかも議論の余地がある。振り返りや考えの記述のみで学習者を評価するのではなく、実際の学習者の姿をつぶさに観察することが教師には求められる。それは決して容易ではない。思いもよらない子どもの一瞬のしぐさにその子どもの道徳性が表れることもある。学習者のつぶやき、目線、表情など、彼らが発する情報に教師は授業者としての感性をフルに発揮しながら向かい合わなくてはならない。

(2) 子どもの学びの実態として

道徳科の学習を進める上で、子どもの学びの実態を捉える重要性を指摘してきた。さらに、実態の見取りをとらえる上では学習者に響く道徳的諸価値は一律ではないことに留意しておくべきだろう。例えば、教師が「礼儀」の「時と場をわきまえて、礼儀正しく真心をもって接すること」を意識して指導したとしても「親切、思いやり」の「誰に対しても思いやりの心をもち、相手の立場に立って親切にすること」という道徳的価値が学習者の中で実感されることも十分に考えられる。教師が教えたいことと学習者が学んだことは必ずしも一致しない。この事実が、実際の学習における教師の見取りをより一層困難なものにする。教師は難解な事実に立脚しながら、一人一人の学習者に響いている道徳的価値を豊かに見取り、学習者の道徳性が調和的に養われることを目指す。

それでは、そのような難しさを念頭に置きながら教師はどのような評価活動を行えばよいのか。様々な手法が開発されているが、筆者が現在取り組んでいる評価手法を以下に示しておく。

4　道徳科の評価実践に関する提案
― 振り返りカードを基にした自己評価を促す評価実践 ―

　道徳科において、振り返りカードにおける記述は学習者の道徳性をとらえる上で有効な情報である。学習者が書き溜める毎時間の道徳科の学習振り返りを軸に、学習者の自己評価と教師や保護者の他者評価を融合させた評価実践を筆者は構想した。この実践のポイントは次の３点である。

①長いスパンで学習者の道徳性の変容を追跡し評価すること。
②学習者一人一人にどの道徳的諸価値が響いたかを自己評価させること。
③自己評価をもとに道徳科の学びにおける自己調整の視点を立ち上げること。

　１点目について、実際の振り返りカード（図5-1）を見てみよう。

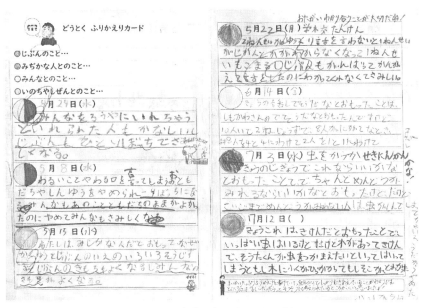

図5-1　実際の振り返りカード

図5-1のように、毎回の道徳科の学習の振り返りを1枚のカードに書き溜めていくことで長期的な学習者の変容を捉えるようにしている。さらに、このカードに授業者のコメントを適宜書き込むことで学習者の学びに寄り添い、価値づけることを行う。その中で、子ども自身が道徳的価値に対する自らの理解に踏み込めるようにすることを目指す。

　2点目については、道徳的諸価値の響きを学習者自身に自己評価させることである。図5-1では、カード左上にある道徳科の4つの項目を色分けで示すようにしている。これは、学習者がその日の道徳科の学習を振り返って、特に自分はどの内容項目について考えたかを自覚するためのものである。

　次に実際に執筆者が小学2年生に行った「およげないリスさん」（光文書院『小学どうとく2年ゆたかなこころ』掲載）を扱った学習に対する学習者の振り返りである（図5-2）。ここに示した2人の学習者は、それぞれ教材や自分自身と向き合い、友達との対話を通して感得した自らの道徳的諸価値への理解に対する響きを短いながらも丁寧に書き記している。さらに、左上の丸の色は両者共に黄色（みんなとのこと）と赤色（じぶんのこと）を混合させている。教科書上は「みぢかな人とのこと」に対する学びを想定した教材であるが、実際の学習者の学習を通した受け取りは異なっていた。学習者自身の自己評価を教師が分析し、教師が教えたかったことと学習者が学んだこととのずれが可視化される。もちろん、ずれたことが授業の良し悪しの判断につながるわけではない。重要な点は、学習者に生まれた学びの事実を質高く見極め、次なる指導に生かそうとする授業者の意識である。

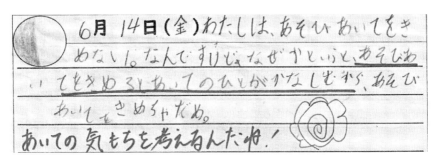

　6月14日（金）わたしは、あそびあいてをきめない。なんですけど、なぜかというと、あそびあいてをきめるとあいてのひとがかなしむから、あそびあいてをきめちゃだめ。

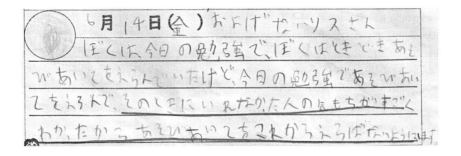

　6月14日（金）およげないリスさん　ぼくは今日の勉強で、ぼくはときどきあそびあいてをえらんでいたんですけど、今日の勉強であそびあいてをえらんで、そのときにいれなかった人の気もちがすごくわかったからあそびあいてをこれからえらばないようにします。

図5-2　学習者の振り返り

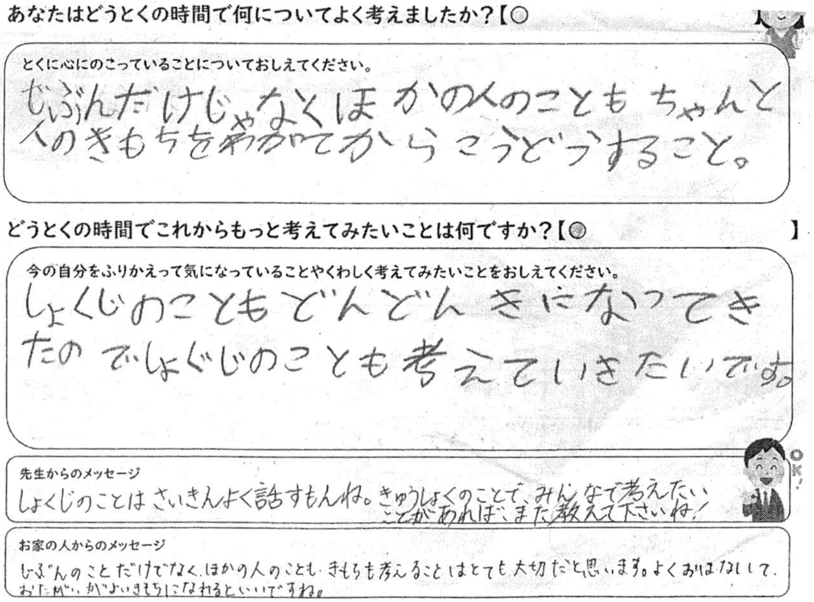

図5-3 学習者による自己評価

あなたはどうとくの時間で何についてよく考えましたか？【◎】

とくに心にのこっていることについておしえてください。
> じぶんだけじゃなくほかの人のこともちゃんと人のきもちをわかってからこうどうすること。

どうとくの時間でこれからもっと考えてみたいことは何ですか？【◎】

今の自分をふりかえって気になっていることやくわしく考えてみたいことをおしえてください。
> しょくじのこともでんでんきになってきたのでしょくじのことも考えていきたいです。

先生からのメッセージ
> しょくじのことはさいきんよく話すもんね。きゅうしょくのことで、みんなで考えたいことがあれば、また教えて下さいね！

お家の人からのメッセージ
> じぶんのことだけでなく、ほかの人のことも、きもちも考えることはとても大切だと思います。よくあわはなして、おたがいかよいきもちになれるといいですね。

3点目については、学びに対する自己調整の視点の立ち上げである。これについても実際の学習者の記述をもとに説明したい。

図5-1の振り返りシートの末尾には図5-3のような項目を設定し、学習者の自己評価を促している。毎時間蓄積してきた振り返りの記述を見返しながら、自分はどのような道徳的価値に考えを深めてきたのか、今後どのような道徳的価値に意識的にねらいを定めていくのかといった見通しをもつことを学習者に求める取り組みである。さらに、見通しに対する先生や保護者からのコメントは、学習者の道徳科における学びを勇気づけ、励ますことにつながる。保護者も一人の人間として、子どもの学びを見て感じたことを素直に伝え、子ども自身が学びを客観的に把握できる支援となる。自らの学びの多面的な認識が、子どもたちの次なる学びへの意欲を育む。

以上、3点のポイントを生かした評価実践で今後も子どもたちの道徳科のありのままの学びを捉えていきたい。

5　道徳の実践をどう見るか ― 第三者による解説と実践者の補足 ―

　本節は、第三者からの前節4の授業実践への解説を紹介し、改めて実践者から実践の意図を補足してもらう。授業実践の評価を別角度から考察することを目的とする。道徳科の実践で意識すべきポイント、困難さ、教師の役割、意識すべき点などを明らかにしたい。そのためにも、解説後の応答という形で補足を含める構成にした。第三者と実践者(筆者)との紙面上での対話を試みている。
　以下、(1)では第三者が社会学の視点に立ち、筆者の取組みについて解説した。(2)では解説を踏まえ、前節4の実践の意図を明確にするべく筆者が補足した。

(1) 授業実践に対する社会学的考察
　先の授業実践を高く評価できる点は、学習指導要領に基づき、授業評価を念頭においた計画性のある試みにある。他の教科とは異なり、道徳科は個々人および社会の価値に大きく関わる難しい科目である。必ずしも教科書どおりに進められるものではない。実践者が示した3点の内容は教師が科目の特性を理解し、かつ学校・学年の基準を意識し、学級内の子どもに向き合っている様子を伝えている。
　道徳科の目標は「よりよく生きる基盤となる道徳性を養う」ことにある。「よりよく生きる」主役は子どもたちであるが、道徳性は既存の社会的な価値を含んでおり、子どもたち自らの手で創生することはできない。補足すれば、既存の道徳性を子どもたちが学び、それを内面化することによって善悪含め自らの判断、行動指標となる。つまり、他者からの情報なくして道徳性を養うことはできない。そのため、教師が「他者」の一人として存在し、道徳科の重要な使命を負うことになる。ゆえに、どのような情報を伝えるか、教師からすれば「指導するか」が問われる。学年による発達、学級の雰囲気などを鑑みながら教師が一人一人の子どもにどのように情報を発していくか、葛藤を抱きながらも子どもたちに与える影響は少なくない。したがって、教師は当意即妙に対

応することなく、事前の準備を欠かすことはできない。

「数的な評価を行わない」という制約の下、授業実践者は「個人内評価」に取り組んでいる。子どもたちの成果を定量的で数的な見方（多い－少ない／ある－ない）によらず、定性的で観察的な見方（学習過程や学習者の変化に着目）に立ち、学習の「質」を可視化しようとする態度が本実践においても採用されている。「一面的な見方から多面的・多角的な見方へと発展させているかどうか」や「道徳的価値の理解を自分自身との関わりの中で深めているかどうか」についても教師は子どもの知識、思考、態度の観点から判断する。教師は、子どもたちの挙動に注意を払う必要がある。道徳科はクイズ形式による「正答」を求めておらず、子どもたちの行動の背後にある文脈（結果に至った原因）を読み解くことが重要である。学校生活などを念頭に、行動の背後にある文脈を読み解く存在が教師である。定量化できない子どもたちの質的な挙動を教師はデータ化することで対応しなければならない。定性的な評価を基盤とした教育方法を通じて「よりよく生きる」術を子どもたちに付与する教師は、その専門性の高さから社会的評価に値するといえよう。

教師の実践を支える背後には強い思い、幾多の経験があるように思われる。第三者は「語られなかった」ことも知りたかったりする。

（2）実践の思い

前節4における実践の思いについて3点、筆者から補足したい。

まず「振り返りカード（図5-1）」導入の経緯について補足しておこう。きっかけは「こういうことを答えればいいんですよね？」と道徳の学習で教師を忖度する子どもたちに対して、教師として「ねらった通りの学びが実現できている」と肯定的に受け止めてしまっていたことを自戒的に捉えたことだった。子どもたちと時を重ねることで「教師がねらった通りの姿を子どもが生み出すことは果たして本当に望ましいのか」と疑問を感じ、予定調和的な授業のあり方を見直すことにした。子どもたちの性格、成育環境などを配慮することで子どもによる「自己評価」を導入するに至った。授業中における子どもたちの葛藤や解決過程を通じて、自身にどのような変化があるのかに着目している。子ど

もたちの内面の変化は授業計画によって予見することができないことから、個に応じた学びをすくい上げ、一人一人の子どもと学ぶ喜びを分かちあう関係性を築くために「自己評価シート（図5-1）」を作成するに至った。

　次に「よりよく生きる」視点について補足しておこう。はたしてウェルビーイングの視点は、子どもたちに反映されているだろうか。言い換えれば、学習指導要領と教師の思いは一致しているのか。端的に答えると「一致しなくてもよい」。学習指導要領が目指す「よりよく生きる」は、時に教師自身が導き出す「答え」と異なってもよい。むしろウェルビーイングを目的として、教室において様々な考えや議論が展開されることが望ましい。予定調和型の授業は「あなたはそう思うんだね。でもぼくはこう思うんだ。だってね……」といった子どもの表現につながらず、かえって学びの硬直化を招きかねない。多様な価値観を素直にぶつけ合うことができるような学級文化を創り、指導を展開していくことが子どもの道徳性を養う一番のポイントだ。教師が学習指導要領との軋轢に悩み、葛藤を抱えることで道徳教育の指導力を高めることができる。

　最後に、子どもたちの想定外への対応について補足しておこう。教師が伝えたいメッセージを子どもたちが正確に受け取るとは限らない。子どもによって多様な受け止め方が存在することを、教師は認めなければならない。しかし、養いたい道徳性から大きく逸脱する態度や姿勢（例えば、何度となく伝えても内面化している素振りが見られない、物事を理解しようとしない、教師の言うことに耳を貸さないなど）に対して教師はいかに対応すべきだろうか。この問いに対して、教師は子どもたち自身の学びの質を高めてくれる機会として受け止めるべきであると答えたい。「約束を守る大切さ」を考える道徳の授業において、ある子どもが「約束なんて守らなくていい！」と断言した場合、教師は丁寧にその子どもの言葉に耳を傾けるとよい。「約束よりも大切なことがあるはずだ！」や「約束やきまりをつくればつくるほど生活が息苦しくなる！」といった考えを聞くことにつながるだろう。あらかじめ立てられた道徳科の目標とはそぐわない行為を目の当たりにしても、教師は目の前にいる子どもの考えと対峙することが重要である。教師自身が葛藤を伴いながらも子どもに寄り添うことを忘れてはいけない。

6　まとめにかえて ── 更なる「よりよく生きる」授業となるために ──

　学級内で子どもたち一人一人の道徳性に気付き、伸ばすための指導ができるのは授業科目を任された教師のみである。学校内では、教職員が一丸となって子どもたちと向き合い関わっていくことになるが、授業の役割は大きい。学習指導要領を通じて道徳科を理解し、学校および学年の計画に基づいた方針を理解し、教科書や事例、題材を活用して子どもたちを誘う。週に１時間の道徳科の授業とはいえ事前準備、授業後の振り返りで費やされる時間は長い。

　児童・生徒の「よりよく生きる」に資することが科目の目標でもある。理想は高い。しかし実現は難しい。指導要領のＡからＤの４つの内容を踏まえ、子どもたちの発達段階、社会的な状況（家庭環境、地域環境、学級および学内の人間関係）も考慮しながら実践する。そこには教える技術を高めることだけではなく、教師自身の理想と覚悟が必要である。子どもたちの「よりよく生きる」ためのデザインが用意されていなければならない。

　授業を担当する教師が、一人で学級内の子どもたちの「よりよく生きる」指導に携わるのは荷が重すぎる。既述の通り、子どもたちの道徳性は「学校教育全体で、あるいは学習者の人生をかけてゆっくりと構築」されなければならない。子どもたちが社会生活を営み続けるには、異なる価値観をもった多様な人々との「良好な」人間関係が維持されなければならない。自らの価値観も尊重されるべきではあるが、ときには自身以外の価値観に触れることで新たな価値観を形成することも重要であろう。

　子どもたちが多様な価値観に触れること、許容できる環境を作ること（言い換えれば偏見をなくすこと）は、教師の役割でもあり、授業で実践し続けるべきことではないだろうか。

コラム4　3つの資質・能力の連続性でつながる領域「人間関係」と道徳教育

　幼児教育・保育のカリキュラムのガイドラインとしての幼稚園教育要領や保育所保育指針などには、道徳性のあり方が5領域の保育内容の一つである「人間関係」の中の項目として含まれており、小学校の道徳教育は学習指導要領の総則と「特別の教科　道徳」の中に記載されている。それぞれの要点と連続性を資質・能力の視点から探っていこう。

1．幼児教育における「道徳性の芽生え」

　幼児教育での道徳性の捉え方は規範意識のあり方と共に検討できる。幼稚園教育要領（2017（平成29）年改訂）の解説の中で「幼児期の終わりまでに育ってほしい姿」の「道徳性・規範意識の芽生え」が簡明にその点を述べている。解説からかいつまんで引用したい。

　「道徳性・規範意識の芽生えは、領域「人間関係」などで示されているように、幼稚園生活における他の幼児との関わりにおいて、自分の感情や意志を表現しながら、ときには自己主張のぶつかり合いによる葛藤などを通して互いに理解し合う体験を重ねる中で育まれていく。なお、道徳性・規範意識の芽生えは、領域「人間関係」のみで育まれるのではなく、第2章に示すねらい及び内容に基づく活動全体を通して育まれることに留意する必要がある。

　幼児は、他の幼児と様々な体験を重ねる中で、してよいことや悪いことがあることを分かり、考えながら行動するようになっていく。5歳児の後半には、いざこざなどうまくいかないことを乗り越える体験を重ねることを通して人間関係が深まり、友達や周囲の人の気持ちに触れて、相手の気持ちに共感したり、相手の視点から自分の行動を振り返ったりして、考えながら行動する姿が見られるようになる。また、友達と様々な体験を重ねることを通して人間関係が深まる中で、きまりを守る必要性が分かり、友達と一緒に心地よく生活したり、より遊びを楽しくしたりするために、自分の気持ちを調整し、友達と折り合いを付けながら、きまりをつくったり、守ったりするようにもなる。

　この頃の幼児は、遊びの中で起きるいざこざなどの場面において、友達の気持ちに共感したり、より楽しく遊べるように提案したりなどして、自分たちで解決したり遊びを継続したりするようになる。」

領域・人間関係の内容の取扱いにある「道徳性の芽生え」の解説を含め、ここから幼児教育の道徳性の芽生えのいくつかの特徴の捉え方が分かる。保育者は、相手の気持ちを分かろうとしたり、遊びや生活をよりよくしていこうとしたりする姿を丁寧に捉え、認め、励まし、その状況などを学級の幼児にも伝えていく。また、幼児が自分の言動を振り返り納得して折り合いを付けられるように、問い掛けたり共に考えたりし、幼児が自分たちで思いを伝え合おうとする姿を十分に認め、支えていく。さらに、幼児同士の気持ちのぶつかり合いや楽しく遊びたいのにうまくいかないといった思いが生じた場面を捉えて適切な援助を行う。

すなわち、子どもの生活場面での暗黙の学びを基本としている。幼児同士が関わる生活の中で、他律的とはいえ次第にどう振る舞えばよいかの道徳性の始まりが見られる。それは生活習慣でのそうすべきだという行動から始まり、その生活での習慣付けが基本となる。その上で、他の子どもの気持ちを感じ、思いやりを持ち、その共感から相手の立場に立つことが生まれ、それが自分にも相手にもその集団（グループやクラス）などで守るべき規範を理解し、思いやりを通して道徳的にあるべきあり方へとつながっていく。とりわけ互いに衝突が生まれる葛藤場面でどう振る舞い、時に妥協するだけでなく、どうあるのか、どうあるべきか、そこでの善し悪しはどうなのか、さらにそれはお互いの気持ちを考慮してどう配慮できるのかを共感的に感じ、そこから次第にその種々のポイントを考え、次第に道徳的な判断へとつながっていく。その際、手本としての大人、特に保育者の振る舞いや助言が大きな意味を持つ。

要するに、行為の善し悪しの理解、その生活での行動での習慣付け、相手の気持ちへの思いやり、生活での否定的な場面、特に葛藤場面の重視、保育者という大人のモデルとの関わりなどの重要性が分かる。生活、活動・行動の道徳規範、対人的心情、葛藤からの思考などから道徳性の芽生えを捉え、それを保育者が手本または助言をして育成し、自覚へと向かわせる。十分な道徳的判断に行かなくても、その芽生えが成り立つことを強調していることが分かる。他律的であることに止まらず、幼児期と言えども、道徳的芽生えとしての行動と心情がすでに成り立っているのであり、従来の捉え方を一新したのである。

2. 小学校の道徳教育の始まり

上記の幼児教育の記載に基づき、幼稚園教育要領の解説編では次のことを付け加え、小学校へとつないでいる。「こうした幼児期の経験は、小学校生活において、初めて出会う人の中で、幼児期の経験を土台にして、相手の気持ちを考えたり、自分の振る舞いを振り返ったりなどしながら、気持ちや行動を自律的に調整し、学校生活を楽しくしていこうとする姿へとつながっていく。」

幼児期の上記のような経験が土台となり、小学校の生活（授業等）の中にそれが持ち越され、さらにお互いの気持ちや振る舞いを考え振り返ることなどを通して、自律的な調整を進めるようになるとしている。すなわち、小学校の始まり（低学年）は幼児期の延長・発展としての生活と、そこでのいわば実践道徳が実施され学ばれていくのだが、同時並行的にその自覚化が進み、そこで自分の判断で、言い換えれば、判断の根拠を含めて考え決めていくように発達していくのである。そこに小学校での教科道徳の時間があるべきところの理由があり、それは自覚的な話し合いとしての時間と、さらに生活全般での実践と自覚の相互的循環が想定されている。その点を小学校の道徳教育の指導要領での記載から見ていこう。

　まず、学習指導要領・総則編での記述である。学校の教育活動全体を通じて道徳教育はなされる。総則編の道徳教育の記述の「各教科等における指導の基本方針」において、「教師の用いる言葉や児童への接し方、授業に臨む姿勢や熱意といった教師の態度や行動による感化と」、各教科等における「道徳的価値を意識しながら学校独自の重点内容項目を踏まえて指導すること」、学習活動や学習態度への配慮として「児童が伸び伸びとかつ真剣に学習に打ち込めるよう留意し、思いやりがあり、自主的かつ協力的な学級の雰囲気や人間関係となるよう配慮すること」、そして「話合いの中で自分の考えをしっかりと発表すると同時に友達の意見に耳を傾けること、各自で、あるいは協同して課題に最後まで取り組むことなど」が強調される。このことは、各教科等の学習効果を高めるとともに、望ましい道徳性を養うことにもなる。その上で、「指導を通じてそれらの意義を理解し、自らの判断により、進んで適切な実践ができるような道徳性を養うことである」とある。上記の幼児期の道徳性の芽生えからの発展が、小学校のすべての授業等の時間での生活での考慮すべき点として明確にされ、さらに自律的に判断し実践する道徳性のあり方が目指されていることが分かる。

　道徳の教科としての時間を含め、そこで共通に次のことを重視する。「生きる上で基盤となる道徳的価値観の形成を図る指導を徹底するとともに自己の生き方についての指導を充実する観点から、各学年を通じて、自立心や自律性、生命を尊重する心、他者を思いやる心の育成に配慮することが大切である」。その上で、「道徳教育で養う道徳性は、自己の生き方を考え、主体的な判断の下に行動し、自立した人間として他者と共によりよく生きるための基盤となるものである。日常生活においても、人から言われるからといった理由や周りのみんながしているからといった理由ではなく、物事を多面的、多角的に考え、自らの判断により、適切な行為を選択し、実践するなど、道徳教育の指導内容が児童の日常生活に生かされるようにすることが大切である」としている。

　このようにして、幼児期からの生活での実践行動、またそこでの思いやりなどを重

視し、それをすべての体験活動の中で大切にし、同時に道徳の時間において特に多面的・多角的に考え、そして自律的に判断して、実践していくことが要請される。

3. 資質・能力の深化の中に道徳教育を位置づける

　教科としての道徳の時間では「道徳教育においては、これまで受け継がれ、共有されてきたルールやマナー、社会において大切にされてきた様々な道徳的価値などについて、児童が発達の段階に即し、一定の教育計画に基づいて学び、それらを理解し身に付けたり、様々な角度から考察し自分なりに考えを深めたりする学習の過程が重要である」としており、その過程の重視こそが資質・能力を生かすために中核となる。その目標のあり方を資質・能力を培う観点から次のように踏み込んで記載している。「道徳的価値について自分との関わりも含めて理解し、それに基づいて内省し、多面的・多角的に考え、判断する能力、道徳的心情、道徳的行為を行うための意欲や態度を育てるという趣旨を明確化するため、(中略)「道徳的諸価値についての理解を基に、自己を見つめ、物事を多面的・多角的に考え、自己の生き方についての考えを深める学習」と改めた。さらに、「道徳的な判断力、心情、実践意欲と態度を育てる」と改めた」のである。

　このようにして、幼児期の資質・能力の感じ・気付き（知識・技能の基礎）、考え・工夫し（思考力等の基礎）、心情・意欲・態度（学びに向かう力）からの連続性と発展が確保されているのである。

<参考文献>
文部科学省「小学校学習指導要領（平成29年告示）解説 総則編」平成29（2017）年7月
文部科学省「小学校学習指導要領（平成29年告示）解説 特別の教科 道徳編」平成29（2017）年7月
文部科学省「幼稚園教育要領解説」平成30（2018）年2月
　　https://www.mext.go.jp/content/1384661_3_3.pdf（最終アクセス日2024年12月5日）

第6章
幼稚園、小学校、中学校における道徳の実践

---本章を読みながら考えてほしい問い――――――――――――

　本章では幼稚園、小学校、中学校での実践を紹介する。具体的な実践を通して、これまでの章の理解をより深めることがねらいである。また、本章の実践については、続く第7章で実践者と研究者による振り返りを行っている。「自分だったらどのように実践するか」「幼稚園から中学校までの実践に共通している点や違っている点はどこか」など、思いを巡らせながら読んでいただきたい。

――――――――――――――――――――――――――――――

1　幼稚園における道徳の実践

　幼児期には、直接的で具体的な経験を通して、子どもが感じること、考えることを大事にしている。日常生活の中には、これら道徳性や規範意識といったことにつながっていく出来事が溢れている。幼児教育も意図的かつ計画的な教育であり、保育者は遊びや生活の中で道徳性や規範意識につながる出来事が起こるであろうことを実践前に予想していることもある。しかしながら、予想を超えたところで偶発的に起こることの方が圧倒的に多い。そのため神戸大学附属幼稚園の保育者（以下、教師）は、他者と共に生活する心地よさを感じながら生きていくためにどうすればよいのかという考えを生み出せるような経験を積み重ねられるように、またその機会を見逃さないようにしようと常に意識しながら子どもたちと生活を共にしている。

(1) 事例1 「早く跳びたいけど……。」（3年保育4歳児6月）

　子どもたちがコーンやゲームボックス、フープ等を使って、跳んだり潜ったり避けたりバランスをとったりして進んでいく挑戦コースを作っている。最終地点には、平均台からジャンプして鉄の棒にぶら下がることができるコースになっている。園児Iを先頭にAHKNRTUYら他の園児が並んでおり、その後ろにも長蛇の列ができている。Iは、跳ぶことにドキドキすることを教師に伝え、長い間動き出せずにいる。

事実	・解釈　◎教師の意図、解説
教師「どうする？　ジャンプだけでもいいんじゃない？　届かなくても。」	◎自分ができそうなところまでやってみようと思えるように、鉄の棒を掴まない選択もあることを伝え、どうするか尋ねた。
I（眉をひそめて首を傾げている。）	・踏み出せない。
教師「先生手つなぐ？」	◎手をつなぐことで安心して跳んでみようと思えるように、手をつなぐかどうか尋ねた。
I（黙っており、身体が傾いて一度平均台から落ちるがまた登る。）	・自分の力で跳んでみたいと思っており、手はつなぎたくない。 ・バランスを崩して落ちてしまったが、ジャンプしたいと思っている。
教師「でもジャンプしようとは思ってるんだね？ Iちゃん、みんなが待ってくれています。」	◎周りの待ってくれている友達の存在に気付けるように、また、みんなが待っていることに気付いて、気持ちを切り替えて跳んでみようと思えるように、ジャンプしようとしている気持ちを受け止めながらも、みんなが待っていることを知らせた。
T「早く〜。」	・自分も跳びたいので早く跳んでほしい。
HKY「早く〜。」	・Tが言ったのを聞いて自分の早くしてほしいという気持ちが溢れ始めた。
教師「先生と手つないでジャンプする？」	◎勇気を出して跳んでみようと思えるように、教師と手をつないでジャンプするかもう一度尋ねた。

事実	・解釈　◎教師の意図、解説
Ｉ（眉をひそめたまま横に小さく首を振る。）	・手をつないでジャンプしたくない。
教師「自分でやりたいの？」	◎どうしたいのか伝えられるように、自分でやりたいと思っているのか尋ねた。
Ｉ（縦に小さく首を振る。）	・自分で跳びたいと思っている。
教師「先生がせーのーでって。声掛けようか？　行く？」	◎跳び出せるきっかけを見つけて跳んでみようと思えるように、教師の合図で跳ぶのはどうか尋ねた。
	◎待っている子どもたちが応援する気持ちをもてるよう、教師がＩのために考えている姿を見せた。
Ｉ（首を横に振る。）	・合図はいらない。
教師「みんなドキドキするときはどうして跳んでるの？」	◎待っている子どもたちがＩの気持ちを感じて自分はＩのためにどうしてあげられそうか考えていけるように、みんなもドキドキすることがあることを思い出させ、その時はどうしているのか尋ねた。
	◎Ｉが友達の思いを聞いて、自分もそのやり方でやってみようと思えるように、同じ場面になった時にどうしているのか知る機会を作った。
Ｔ「頑張れ〜。」	・Ｉのドキドキしている気持ちを感じ、応援してあげたらよいと思い、Ｉに声を掛けた。
Ｙ「頑張れ〜。」	・Ｉのドキドキしている気持ちを感じ、Ｔの言葉を聞いて自分も応援してあげようと思った。
Ｋ「心の中で応援してるの。」	・Ｉのドキドキしている気持ちを感じ、応援してあげたいと思っており、頑張れと言わない方がＩにとってよいと思っている。
教師「心の中で応援しているんだ。怖いな〜って思ってるときはどうやって跳んでるの？」	◎先ほどの声かけでは、教師が何を尋ねているのか伝わっていないと感じ、言葉を言い換えて尋ねた。

第6章　幼稚園、小学校、中学校における道徳の実践　117

事実	・解釈　◎教師の意図、解説
A（少し間が空いてから）「パワー溜めて。」	・いつもどうしているかを振り返り、パワーを溜めている自分を思い出している。
N「パワー溜めて。」	・いつもどうしているかを振り返り、自分もAと一緒でパワーを溜めてから跳び始めていることを思い出している。
教師「パワー溜めてから。」	◎Iが友達の経験を取り入れてやってみようと思えるように、言葉を繰り返した。
R「それかさ、怖くなくなってから。」	・Iのために他の方法もないかと考えている。 ・パワーを溜めることに加えて、いつもどうしているかを振り返り、自分は怖くなくなってからやっていたことを思い出している。

この後も、鉄の棒を掴まずに跳ぶだけでよいことや一度休憩してからしてみることなど、いろいろな提案を友達や教師がしている。また、早くしてほしい気持ちやこのままだと遊ぶ時間がなくなってしまって嫌だということをIに伝えている。しかし、Iの様子は変わらない。

事実	・解釈　◎教師の意図、解説
U（大きな声でIの方を見て）「早くしてほしい。」（もう少し大きな声で）「早くしてほしい。」	・自分も早く跳びたい。 ・早く跳んでほしい気持ちが溢れて声を大きくして伝えている。 ・早く跳びたいのに、跳べない状況に苛立っている。
教師「早くしてって言っている友達もいる。」	◎Iが周りの気持ちを感じられるように、周りの友達の様子を知らせた。 ◎苛立つ気持ちを落ち着かせられるように、早くしてほしい気持ちを周りの子どもたちに聞こえるように声に出すことで受け止めた。
HKNRY（語尾を強めに口々に）「早くして〜。」	・Uが先生に早くしてほしい気持ちを受け止めてもらったのを聞いて、自分も早くしてほしく、苛立ってきている気持ちが溢れてきている。

事実	・解釈　◎教師の意図、解説
Ｉ（苦笑いをして教師を見る。)	・友達の声を聞いて友達が待っていることを感じている。 ・早くした方がよいことは分かっているが、どうしようか考え続けている。
教師「分かってるんだけど〜。ドキドキするな〜。」	◎待っている子どもたちがＩの葛藤している気持ちにも気付けるよう、Ｉの気持ちを推測して言葉にした。
ＨＫＮＲＹ（黙ったり前のＩを見たりする。)	・教師に言われてＩの気持ちを感じている。 ・早くしたい気持ちを落ち着かせている。
Ｒ「先生と一緒にやったら？」	・ドキドキする気持ちは理解しているが、自分も早く跳びたいので早くしてほしいと思っている。 ・先生と一緒にやってみると跳べるのではないかと思い、提案した。
教師「先生と一緒に？」	◎みんなの思いを聞いた今、先生と一緒にするということに妥協できるかどうか考えられるよう、尋ねた。
Ｉ「いや！」	・一人でやりたい。
教師「一人でやりたいの？」	◎自分はどう思っているのか伝えられるように一人でやりたいのか尋ねた。
Ｉ（うなずく。)	・一人でやりたい。
教師「よし、じゃあ、頑張れっ！行くよ、せーのーで！」	◎気持ちを切り替えて踏み出せるように、語尾を軽くして合図を送り、きっかけをつくった。
ＨＫＮＲＹら「せーのーで！せーのーで！」(先頭にいるＩを見る。)	・教師が合図を送ったので自分も一緒に送って応援しようと思った。
Ｉ（黙っている。)	・踏み出したいと思っているが踏み出せない。
Ｒ「いけない？　怖いんだね。早く〜。」	・踏み出したいけど怖いというＩの気持ちを感じている。 ・怖いというＩの気持ちを受け止めたい気持ちと、早くしてほしい気持ちがある。

第6章　幼稚園、小学校、中学校における道徳の実践　119

事実	・解釈　◎教師の意図、解説
ＨＫＮＵＹら（強めに）「早く〜早く〜！」	・早くしたいのにできない状況に苛立ちを感じており、Ｉにいい加減早くしてほしいと思っている。
教師（Ｉを見て）「ドキドキするんだよね。でもＩちゃん、みんなも待ってくれてるわ。後で挑戦する？」	◎気持ちを切り替えられるように、Ｉの気持ちを受け止めつつ、後で挑戦することを勧めた。 ◎跳びたいと思いながらもＩを待ってあげようと思っている気持ちがＩや教師に伝わっていると分かり、気持ちを落ち着かせられるよう、待ってくれていることを言葉にして認めた。
Ｉ（大きな声で教師の言葉の後すぐに）「いや！」	・今挑戦したい。 ・意固地になってきている。
教師「じゃあどうする？でもでも後ろ見て、み〜んな待ってくれてるよ。」	◎実際にどれほどの友達が待ってくれているのか、待たせているのかが分かり、気持ちに折り合いをつけられるように、待っている友達に目を向けさせた。
ＨＫＮＲＵＹら（Ｉを見たり後ろを見たりしている。）	・教師に自分が待っている気持ちを知ってもらい、気持ちが落ち着いてきている。
Ｉ（後ろを見て視線を下げたり教師を見たりする。）	・自分が随分たくさんの友達を待たせていることに気付き、気まずい気持ちになっている。
その後、再びいろいろな提案を教師や子どもたちがするが、Ｉが跳び出せずにいたため、教師は降りてみんなの姿を見てみることを勧めた。そしてＩは平均台から降り、教師と一緒に友達の跳ぶ姿をそばで見てから気持ちを切り替え、周りの友達に見守ったり褒めてもらったりしながらコースの始めから挑戦し、平均台からジャンプして棒を掴み、喜びを見せていた。	

　並んで待っていた子どもたちには、早くしてほしい気持ちが溢れてきていた。教師は、自分の気持ちを素直に伝えたり、友達の思いを受けてどうするのか考えたりすることを大切にしたいと思い、早くしてほしいと伝える子どもの姿を見守ったり、Ｉが待っている友達の思いを知る機会を作ったりした。同時

に、不安や緊張を抱える友達の気持ちを知ったり、自分はそんな友達のためにどうしてあげられそうか考えたりしていけるように、教師が率先してＩのために考えている姿を見せたり、みんなも同じようにドキドキする気持ちになることがあることを思い出させ、自分ならどうしているのかを尋ねたりした。そのことで、Ｉはどんな気持ちでいるのかを考えたり応援してあげたいと思ったりする姿が子どもたちの中に見られたと考える。ＨＫＮＲＹは途中、進まない状況やなかなか跳び出さないＩに苛立ちも感じ始め、強い口調でＩに早くしてほしいことを伝えていた。教師は、自分のしたいことが友達によって叶わない時に、苛立つ気持ちを抑える必要はないが、友達を責める方向ではない関わり方を子どもたちが探っていけるようにしたいと考えている。そのため、強い口調に対して特に教師からふれることはしないが、いったん苛立つ気持ちを落ち着かせられるよう、子どもたちの早く跳んでほしい気持ちを受け止めた。そして、跳びたいと思いながらもＩを待ってあげようと思っている気持ちがＩや教師に伝わっていると分かり、気持ちを落ち着かせられるようＩのことを待ってくれていることを言葉にして認めた。それらの援助や上記のようなＩの気持ちを知ることに向けての援助により、自分も跳びたいという気持ちを伝えながらも、相手の気持ちを感じて葛藤しながら、気持ちを落ち着かせたり待ったりする姿になったと考える。

　また、Ｉは最初は挑戦したい気持ちややりたい気持ちはあるものの、怖さや不安から跳び出せない状況だった。しかし、みんなが考えたり声を掛けたりしてくれていることや、みんなを待たせていることを感じながら、最後は先生にきっかけを作ってもらったことで、周りの状況と自分の気持ちに折り合いをつけて、前向きにもう一度挑戦しようとする姿になっていったと考える。

（２）事例２「遅いって言わんといて」（３年保育５歳児 10 月）
　お弁当の用意をしながら、運動会でするリレーの順番替えをしたいかしたくないか、何番を走りたいか、人数が足りない分を２回走りたいかを口々に言い合っている。これまで、一番初めに決めた順番を変えずにやってきており、Ｙは１番を、Ｄは４番とアンカーの２回走ってきている。

第6章 幼稚園、小学校、中学校における道徳の実践

事実	・解釈　◎教師の意図、解説
Y（教師の元に駆け寄りながら）「うわーん！　先生、Dくんに遅いって言われたぁ！」	・Dに遅いと言われて嫌だった気持ちを教師に聞いてもらいたい。
教師（何も言わずにYの顔をじっと見る。）	◎だからどうなのか、どうしたいのかを自分で表現できるように待った。
Y（Dの方を振り返りながら）「先生、Dくんがぁ・・・」	・教師に何か言ってほしいと思っている。
R「おいー、D。」	・Dに、何を言ってるんだと思っている。
A（Dの方を向き）「そんなこと言ったらだめなんだよ。」	・Yをかわいそうに思い、友達に対して「遅い」と言ってはいけないと思う自分の考えをDに伝えた。
M（Yの顔を覗き込む。）	・Yが悲しい思いをしていると感じ取った。
（Dの傍に行き、Dの顔を見て）「Dくん、そんなこと言ったらかわいそうだよ。」	・Dへ、自分はYがかわいそうに思うことを伝えた。
教師「それでYちゃんはどんな気持ちなの？　悔しくって泣いてるの？　悲しいの？」	◎どんな気持ちで泣いているのか表せるように、尋ねた。
Y（頷く。）	・悲しいと思っている。
教師「その悲しい気持ちはDくんに伝えたの？」	◎自分の気持ちを自分でDへ伝えられるように、伝えたのか尋ねた。
Y「ううん。」（Dの所へ戻り、前に座って）「そんなん言わんとって。」	・まだ伝えていないことに気付き、遅いと言わないでほしい気持ちを伝えようと思った。
D（目に涙を浮かべ、顎を引いて黙っている。）	・Yだけでなく、多くの友達が、自分のしたことをよくないことだと思っていると感じている。
	・AMRらに自分の言葉がよくなかったことを言われ、しまったと思っている。
	・涙をこらえて気持ちを落ち着けようとしている。
教師「Dくんのその顔は、言いたいことがありそうやね。」	◎気持ちを落ち着けてから、悪かったと思っている気持ちを伝えられるように、きっかけを作って、話し始め

事実	・解釈　◎教師の意図、解説
	るのを待った。
D（うつむきながら）「だってYちゃん、走る練習してないやん。Iちゃんに負けてるのに練習せんから。」（顔を上げてYを見て）「Dはさ、夏休みからずっと速く走る練習してんねんで。」	・Yに対して遅いと言ったことはあまりよくなかったと思いながらも、そう言った理由を言いながら気持ちを落ち着けようとしている。
	・遅いと言ってしまった理由があり、（対戦相手の）Iに負けているのにYが練習もしていないから、大事な2回走る役割は任せられないと思っている。
Y（Dの顔を見て）「Yもしたいけど、お母さんが朝連れてってくれないんだもん。」（だんだん声が小さくなる。）	・自分のことを振り返り、自分も練習したいとは思っているが、できていないことを伝えた。
教師「ほお。Dくんのその涙は、しまった、悪かったなと思ってもいるけど、それでも、Yちゃんは練習してないから、もっと練習せんと2回走られんって気持ちなんかな。」	◎Yに対する申し訳ない気持ちもあるが、理由もあるということを改めて意識できるように、教師の推測したDの気持ちを言葉にして確かめた。
D（頷いて）「うん。でもさ、土曜日とか日曜日とかあるやん。それにさ、幼稚園でもできるやん。」	・悪かったとは思っている。 ・練習しようと思えば、休日にしたり幼稚園でしたりすればできるはずだと考えている。
Y「うん、Yも練習したいと思うけど、好きな遊びもしたいもん。毎日練習してたら遊べない……。」	・幼稚園で練習したい気持ちがあるが、好きな遊びがしたい気持ちもあるからできていないと理由を伝えた。
教師「そうかぁ。その気持ちも分かるなぁ。好きな遊びもしたいんやね。Yちゃんの気持ちもDくんの気持ちもよく分かるなぁ。」	◎自分の思いの伝え合いになり始めていたので、相手の気持ちも考えられるように、どちらの思いにも共感した。
O「うん。私も練習したいけど、遊びもしたい。」	・教師の言葉を聞いて、隣で聞いていたOも、Yと同じ状況にあることを伝えたくなった。
K「俺が走り方教えたろか。」	・OとYが練習したいと思っているのであれば、教えてあげようと思っている。
M「私も、速く走る練習したいなって	・話を聞いていて、自分も速く走る練

事実	・解釈　◎教師の意図、解説
思ってる。」	習がしたいと思っていることを伝えた。
教師「あら。同じ気持ちで練習したいと思っている人や教えてあげるよって言ってくれてる友達がたくさんいそうやね。」（Yの顔を見る。）	◎自分と同じように練習をしたいと思っている友達がたくさんいると感じ、幼稚園で一緒に練習したいと思えるように、周りの友達に目を向けさせた。
Y（周りを見ながら頷き）「うん。」	・自分のことを考えて教えてくれようとしたり、一緒に練習をしようとしたりする友達がたくさんいてくれることを嬉しいと感じている。
D（Yの顔をじっと見て）「だってYちゃん。それじゃあIちゃんに勝てへんで。」	・Yが練習したいと思っていることは分かった。 ・練習したいと思うだけで練習していなかったら、相手に勝てないから練習はした方がよいし、練習してIに勝ってほしいと思っている。
教師「そっかぁ。Dくんが速いのは、いっぱい練習したからなんやね。」	◎Yが、Dのリレーに対する強い思いや練習してきたことに気付けるように、Dのしてきたことを呟いた。
D「うん。始めはゆっくり走ってってするねん。Yちゃん、Dが一緒にゆっくり走るから、それと一緒に走って、次にもう少し速く走るから一緒に走ってって、一緒に練習するやん。」	・自分がどんな練習をしてきたかを詳しく伝えようと思った。 ・Yに頑張ってほしいと思っており、自分も一緒に練習してあげるからと励ましている。
Y「うん。ありがとう。」	・一緒に練習すると言ってくれて嬉しく思っている。
教師「よかったね、Yちゃん。Dくんも、思いが伝わってよかったね。」	◎気持ちを伝え合い、分かり合えたことをよかったと感じられるように、それぞれに共感した。
D（すっと顔を上げ、もう一度Yの顔をじっと見つめる。）	・Yの表情から、しっかり話ができたと振り返り、自分の気持ちを伝えてよかったと思っている。

この後、弁当の用意が終わったタイミングでクラスみんなで話をし、Yと一緒に練習をしようと思っている子どもの名前や、子どもたちから出てきた様々な速く走るコツをホワイトボードに書き出していった。

事実	・解釈　◎教師の意図、解説
教師「早く試したいよね。お弁当食べたらやってみよう。」	◎お弁当を食べた後に試すことをより楽しみに思えるように、したい気持ちを受け止め、盛り上げた。
Y（笑顔で腕をあげ）「よーし、早く食べよう！」	・Dだけでなく、友達がたくさん言ってくれたコツで、みんなと早く練習したいと思っている。

　リレーで2人分走っていたDは、Yに自分が2回走りたいと言われ、Yは遅いから無理だと断ったようである。自分は足が遅いと言われたYは悲しくて教師に訴えに来た。5歳児の中には、友達に「遅い」と言ってはいけないと思っている子どももいる。保育の中で、子どもたちそれぞれが、どうして言ってはいけないと思うかを大事にしたいと思い、教師から「それは言ったら駄目だよ」と言うことも、教師の価値観を示すこともしていない。友達の表情や言動から、自分の行為を振り返り、どう感じるかを大事にしたい。教師は、それぞれがどう思うのかどちらの気持ちも受け止め、どうしてそう思うのかを伝え合うことを大切に支えている。また、DとYの2人の間のことであるが、他の子どもたちも一緒にみんなで考えていけるように、心配したり気にかけたりしている友達の気持ちや考えも取り上げたり、みんなで考えを出し合ったり思いを共有したりする場をもった。

　この日、Dは相手を悲しませてしまい、申し訳ないと思う経験をした。それと同時に、自分が不満に思うことを我慢するのではなく、しっかり伝えることで相手に伝わり、そして互いにとってよりよい方向（解決）に向け、考えていくことができると感じられただろう。また、DもYも困った時には、クラスの友達も一緒に考えてくれる心強さや心地よさを感じられただろうと考える。

（3）事例3　「みんなで踊れるように」（3年保育5歳児10月）

　運動会において学年で行うリズム表現の中で、8・9名程のグループに分かれ、グループごとに踊りを考えて披露することになった。HKMRSTUYのグループは、考えた振付を練習していたが、Tが動きを止めてグループから離れたことで、輪になって話をし始めた。

第 6 章　幼稚園、小学校、中学校における道徳の実践　125

事実	・解釈　◎教師の意図、解説
T（眉間にしわを寄せて黙っている。）	・何か不満に思っているが、自分からそれを話そうとはしていない。
K（表情を曇らせて強い口調で）「全然できない。」	・練習ができずに困っている。
R（曇った表情でTの顔を見て、弱々しい声の調子で）「一緒にしようよ。」	・Tに自分の困った思いを表情で表しつつ、一緒にしてほしいことを伝えようとしている。
K「あと3日だよ。」 　（Tに向けて指を3本立てる。）	・3日しかないことが分かりやすいように、目で見ても分かる方法で伝えた。
R「あと3回しか練習できないんだよ。」	・回数で言ったり、「しか」と言ったりすることで、練習できる時間が短いことを伝えようとしている。
M（Tの肩を触って目をじっと見て）「Tちゃんが分かってくれたらできるよ。」	・しっかり向き合うことでTに練習を一緒にしてほしい気持ちを伝えようとしている。
Tの目線がMからそれる。	・練習する気になれないでいる。
R（眉を下げて弱った声色でグループの全員に目線を移しながら）「みんな、これでさあ、パーティできると思う？」	・今の状況でリズム表現最後のパーティの場面ができるとは思えず不安に思い、同じグループの友達はどう思っているか尋ねている。
Y「木曜日までに決まらんとできん！」	・運動会の日までに踊りがみんなでできるようにならないとパーティの場面はできないと考えている。
M「Tちゃんが何か言わないと分からないよ。」	・Tが何も言わないままだと何を考えどう思っているのか分からないと思い、話してほしいという思いから話すことを促している。
K（眉間にしわを寄せて強い口調で）「Tちゃん何とか言ってよ！」	・みんなで練習したいが、Tが何も言わず状況が変わらないことに苛立ち、何か言うことを求めている。
T（目線を下げて半分目を閉じ、手を後ろで組んで立っている。）	・気持ちを話す気はない。
Y（眉間にしわを寄せて激しい口調で）「何かしゃべれ！　しゃべんなさい！」	・Tが何も言わず状況が変わらないことに腹を立て、何か話させようとしている。

事実	・解釈　◎教師の意図、解説
S（Tの前に身体を近付け、Tの顔を覗き込む。）	・Tがどう思ったり話そうとしたりしているか気になっている。
R「ちょっとみんなこっち来て！」（Tから少し離れたところに動き、Tに背を向ける。）	・Tとは別でみんなに話したいことがあり、移動してほしいことを伝えている。 ・Tから場を離した方が話しやすいと考え、少し離れた所にみんなを集めた。
HKMRSUY（輪になる。）	・みんなで話そうと思っている。
R（KとYの腕をつかんで2人の目を交互にじっと見ながら）「ちょっとKちゃんとYくんそんなにきつく言ったらTちゃん寂しがるよね？！　なんでそんなにきつく言うの？！」	・KとYの言い方がきついと感じ、その言い方をされたTが悲しく思うと考え、Tの思いに気付かせ、KとYの言い方を正したいと思った。
K（Rの目を見ながら弱い口調で）「Rちゃんだって同じじゃん。私と同じくらいだよ。」	・自分がきつく言ってしまったことに気付いている。 ・Rも同じくらいTにきつく言ってよくないと感じている。
R「それは分かってるけどさ、分かってるけど言ってるんでしょ。」	・自分もTにいろいろ言ったが、改めてきつく言うことでTが悲しい思いをすることを話したいと思っている。
Y（弱い口調で）「おれもそんなにきつく言ってない。」（語尾が消えかかる。）	・きつく言おうと思ったわけではないが、きつく言ってしまった負い目は感じている。
T（目線を下げて半分目を閉じ、手を後ろで組んでRの横に来る。）	・自分を責めるのではない様子で自分の話をしていると感じ、輪に入ろうと思った。
R（Tの顔を見てTの肩を抱き、Kを見て）「Tちゃんがかわいそうでしょ？」	・きつく言われるとTがかわいそうだと感じ、それをKに分かってほしいと思っている。
K（Tの肩に手を乗せ、TやRの顔を見て）「ちゃんと一丁前にできるから、Tちゃんは。」	・Tに悲しい思いをさせる追及ではなく、Tはやればできると信じている気持ちを伝えてやる気を出してもらえるように励ました。
T（Kの目を見る。）	・Kの言葉を聞いて励まされ、気持ちを寄せて話を聞いている。

事実	・解釈　◎教師の意図、解説
Y（Rの顔を見て）「やるとこ見せてほしいだけ。」	・Tを責めたいのではなく、Tのやる気を見せてほしいだけだと自分の思いを整理している。
（Tの肩に手を乗せ）「やるとこ見せて。」	・Tに悲しい思いをさせる追及ではなく、踊るところを見せてほしい気持ちをTに触れながら言葉で伝えてTが一緒に練習しようと思えるように励ました。
教師「そうかぁ、やる気を見せてほしいんやな？」	◎Yが、今の思いを「やる気を見せてほしい」という言葉でも言い表せると感じられるように、やる気を見せてほしいという言葉を使った。 ◎Tに、よりYの思いが伝わるように、言葉を言い換えてYの思いを言葉にしてTに聞かせた。
K（Tの頬に手を当てTの目をじっと見ながら）「Tちゃんもやろう？　勇気出して。恥ずかしがらないで。」	・Tのやる気が出るように、頬に触れ、誘っている。 ・Tは恥ずかしいから練習をしないでいると思い、勇気を出すよう励ましている。
K「今はいつも通りだよ。お客さんがいる方がよっぽど恥ずかしいよ。」	・お客さんがいないため恥ずかしがることはないと励ましている。
H（Tの肩に手を乗せTの目をじっと見る。）	・Tを励ますために自分にできることはないか考え、自分にできる励まし方をしている。 ・Tの肩に触れ、目を見ることでTを励まそうとしている。
S（Tの後ろから両肩に手を乗せる。）	・Tを励ますために自分にできることはないか考え、自分にできる励まし方をしている。 ・Tの肩に両手で触れることでTを励まそうとしている。
R「運動会はお客さんたくさんいるから、失敗したら泣けないほど悲しくなるよ。」	・運動会のお客さんがたくさんいる状況と今の状況を結びつけて比べることで、今はお客さんがいないため失敗を恐れる必要がないことを伝えよ

事実	・解釈　◎教師の意図、解説
	うとしている。
教師「できそう？　Tくん。これだけみんなが言ってくれてるからね。Tくんの気持ちも言ったら？」	◎T以外の子どもたちの思いは十分伝えられていると考え、次はTが自分の思いを伝えようと思えるように、気持ちを言うことを提案した。
T（目線を下げて半分目を閉じ、肩を落として立っている。）	・気持ちを言おうとはしていない。
K（Tの肩に手を乗せ）「今はちょっと恥ずかしいんでしょ？　だけど大丈夫。」	・恥ずかしいことが原因でしたくないのだと思い、Tの思いを代弁し、励ましている。
T（視線を斜め下にしたままでいる。）	・Kの話は聞いているが、自分の気持ちを言おうとはしていない。
K「難しかったら。」	・Tの反応がないことから、恥ずかしいという理由とは別の理由を推測し、難しいからしないのではないかと考えた。
T（パッと顔を上げ、Kの目を見る。）	・自分の気持ちを言い当てた言葉が聞こえ、Kの話を真剣に聞こうと思った。
K「ちょっと難しいって言ったらいいじゃん。ゆっくりやってあげるから。」	・Tが「難しかったら」の言葉を聞いて顔を上げて真剣に目を見て聞き出したことから、難しいからしないでいたのだと思った。
	・難しいことが理由であればそのことを伝えればよいことを知らせ、そうすればゆっくりしてあげようと思っている。
M「分かるところまで一緒にしてみようよ？」	・KとTのやり取りを見聞きし、Tがどう踊るか分からないことが理由で踊っていなかったのだと思った。
	・分かるところまでであればTも踊ろうと思えるのではないかと考えた。
T（Mの目を見て聞く。）	・Mに気持ちを向けて聞いている。
K（微笑んで頷きながら）「うん！」	・Mと同じ気持ちだと思っている。
この間YとUは時々視線をそらす。	・時々注意が散漫になっている。
HKMRSはTの目を見続けている。	・Tが一緒に練習できるように何かよい方法はないか、Tはどう思っているの

第6章 幼稚園、小学校、中学校における道徳の実践　129

事実	・解釈　◎教師の意図、解説
T（黙っている。）	かを友達と一緒に考え続けている。 ・自分の気持ちに近い提案をしてもらっているが、自分の思いを言おうと思えていない。
R「できなかったら何でも言っていいんだよ？」	・できないことを心配しているのではないかと考え、Tが練習に向かえるように、Tの気持ちに寄り添って提案している。
T（黙っている。） 教師（一言一言間を開け、Tの表情や様子を見ながら）「ゆっくりやったらやってみれそう？　休んでたから動きが分かんないんでしょ？　見ながらやったらできるやんな？　体操と同じやもんな？」	・自分の思いを言おうとしていない。 ◎相手の思いを考えること、それに応じてかかわることなど、子どもたちができることは十分に行えたと判断し、Tが自分の思いを何かしら発信しようと思えるように、うんかううんで答えられる問いかけや思いの代弁、これまでの経験と結び付けた励ましをした。
T（黙ったまま視線を教師からそらせ、身体の向きも変える。）	・意固地になって自分の思いを言おうとしていない。
教師（Tの腕に触れ）「どう？　Tくん。そこで黙ってたらTくんの気持ち一つも出てないからみんな分からへんねん。」	◎Tが自分の思いを話そうと思えるように、今が話し時であることや、黙っているとみんなは気持ちが分からないことを伝えた。
K「Tちゃんちょっとだけ見てみる？　踊り。」	・一緒に踊るのが難しいのであればまずは見てみてはどうか提案している。
R（Kが話し終えると同時に、Tの肩に手を乗せ話し始める。）	・何とか説得してTが一緒にしようと思えるようにしようとしている。
教師「ちょっとTくんしゃべるの待ってあげたら？」	◎Tが自分の思いを話すことができるように、Rに話すのを待つことを提案した。 ◎自分が待つことでTが話そうと思えるかもしれないと思って待つことを試せるように、提案した。
T（黙って目線を止めたり動かしたりする。）	・自分の思いを話そうか迷っている。

事実	・解釈　◎教師の意図、解説
教師「どう？　ゆっくりやったらできる？」	◎自分の思いを発信し始められるように、Tの思いに一番近そうで、うんかううんで答えられる問いかけをした。
T（教師の目を見る。しばらく黙る。より目をする。）	・自分の思いを言おうか考えている。 ・真剣に言おうとしていない。
教師（Tをじっと見て）「言うまで待つよ。みんなこれだけ言ってくれてるんだからTくんが今度は言わないと。」	◎友達がどれだけ自分のために向き合ってくれているかを感じ、T自身が真剣に今のことに向き合って思いを発信しようと思えるように、教師の真剣さと待つ覚悟、みんながTのために考えてくれていること、Tが話すべきであることを伝えた。
K「一回言ってみたら？」	・Tが自分の思いを話し出そうと思えるように、言ってみることを提案している。 ・Tが自分の思いを話し出せるように、「一回」や「みたら」という言葉を使って催促している。
M「ちょっと声あげてみて？」	・Tが自分の思いを話し出せるように、とにかく声を出すことを提案している。
T（KとMの目を見て聞き、教師の目を見る。）	・自分の思いを話すことに真剣に向き合っているが、意固地になっていることから話し出す踏ん切りがつかず、教師に助けを求めている。
教師「ゆっくりやったらできる？」	◎今ならきっかけがあればTが答えられそうだと考え、Tが自分の思いを発信し始められるように、Tの思いに一番近そうで、うんかううんで答えられる問いかけを再度した。
T（教師の目をじっと見て頷く。）	・意固地になって言えずにいたが、友達に励まされたり教師に尋ねられたり思いを出すまで待たれたりして気持ちを切り替え、ゆっくりならできそうな思いを頷いて表した。

第 6 章　幼稚園、小学校、中学校における道徳の実践　131

事実	・解釈　◎教師の意図、解説
教師（微笑んで）「うん！ それみんなに言ったら？」	◎表すことができた思いを友達に言葉で伝えようと思えるように、Ｔの思いを受け止め、友達に言うことを提案した。
Ｔ（７人の方を見て）「ゆっくりだったらできる。」	・ゆっくりであればできるという思いを友達に言葉で伝えようと思い、話した。
Ｙ（表情を緩めて頷きながら）「それだったらいい。」	・Ｔの言葉を聞いて、みんなで練習をしたいと思いＴを励まし、やる気を見せてほしいと思っていたことが叶い、みんなで練習ができそうであることを嬉しく思っている。
Ｈ（笑顔で何度も頷く。）	・Ｔの言葉を聞いて、みんなで練習をしたいと思いＴを励ましてきたことでＴがしようと思え、みんなで練習ができそうであることを嬉しく思っている。
Ｋ「ゆっくりが難しかったらちょっとだけ見てみてもいいんだよ？」	・Ｔが安心して練習に向かえるように、まず見てみてもよいことを提案している。
Ｒ「みんなに言ってね。」	・Ｔが思いを出しやすいように、言うことを提案している。
Ｔ（大きく頷く。）	・一度思いを言葉にしたことで吹っ切れ、さらに友達が優しい言葉をかけてくれたことで安心し、思いをはっきりと表している。
この後、グループのみんなでゆっくり歌いながら踊り、Ｔは他児の動きを懸命に見て真似て踊り、他児はＴの様子を見ながら合わせて踊った。最後の振付が揃い、グループのみんなで顔を見合って喜び合った。	

　この時教師は、できるだけ子どもたちが自分たちの力で共通の目的に向かって遊びを進めたり、思いを伝えたり、相手の思いに気付いたり、それを踏まえて関わり方を考えたりすることができるように、子どもたちで話し合いを始めようとしたり進めようとしたりする姿を見取った上で、子どもたちの言葉や表

情等を把握しながらできる限り見守ることを心掛けている。KやYがTに対して口調がきつくなった際も、すぐに制止や注意をしたりTにとって望ましい態度を求めたりせず、KやYの思いを慮ったり、言われたTの様子を窺ったり、周りの子どもたちが反応を示す余地を残したりしたことで、子どもたちで声をかけ合い、相手の気持ちを考えたり、それを踏まえた言い方を考えたりしている。

　また、話し合いを見守る中で、相手の思いを考えること、それに応じて関わることなど、子どもたちができることは十分に行えたと判断し、Tが自分の思いを何かしら発信しようと思えるように、「うん」か「ううん」で答えられる問いかけや思いの代弁、これまでの経験と結び付けた励ましを行うといった、子どもの状態に応じて関わり方を変えることをしている。教師は、子どもたちに感じてほしいことや経験してほしいことなどの願いはもちつつも、その願いに子どもたちを合わせたりそれを直接的に伝えたりするのではなく、あくまで子どもたちの内面をつぶさに捉えながら、子どもたちの内面に応じて教師の願いを擦り合わせることを常に意識して関わっている。

（4）まとめ
　以上、幼児期の3つの事例に共通しているのは、教師が、自分のもっている価値観を子どもに押し付けることはしていない点にある。大人の価値観を押し付けることは簡単にでき、その場での子どもの行動は変わるかもしれない。しかし、それはその場限りの一過性のものであり、本当の子どもの育ちにはつながらないからである。自分自身の関わり方によって子どもたちの気持ちや感じ方に影響を及ぼすことにも配慮しつつ、子どもたちが自分にとっても周りにいる友達にとってもよりよい解決方法を自分達で探っていくことを支えている。子どもたち自らの気付きとその気付きに裏打ちされた行動の積み重ねによって、よりよく生きるための価値観が育まれ、よりよい行動へと変容することにつながっていくと考える。そのためにも、実体験を通じて子ども自らが考えること、共に生活をしている仲間と一緒に考えることが大事なのである。

> 人間らしくよりよく生きるための行動の基盤を幼児自らに形成させる
> 　　※よい行動　自ら（個）が主体的に考えてよいと思う行動
> 　　　　　　　　他（集団）からみてもよいと考えられる行動

　これは、本園の教育目標であり、教育の方向性と方法の両方を明確に示している。教育の方向性を示す「人間らしくよりよく生きるための行動」とは、何かを明確に示すために、「よい行動」について補足している。「自ら（個）が主体的に考えてよいと思う行動」であり、それが同時に「他（集団）からみてもよいと考えられる行動」であり、これら２つがあいまってはじめて「よい行動」であると規定している。そして、これら２つの順序性も大事である。他者のことを思いやる日本の文化は素敵なものである。しかしながら、幼児教育において、まず他者のことを考えて行動することを大事にしてしまうと、指示、命令、禁止の教育になりがちであり、自分にとってよいことがなおざりになってしまい、他者にとってよいことを優先してしまうことが危惧される。まず自分にとってよいと思うことをどんどんすればよい。ただし、それが他者にとってもよいかどうか、体験を通して学んでいくスタンスを示している。自分が楽しくてしたことを友達も喜んでくれたなら、どんどんしようということになっていく。一方、自分が楽しくてしたことに対して友達が怒り出したとか泣き出したということにも日々直面する。その中でそんなに友達が嫌な気持ちになるのであればやめておこうと自ら判断し、行動に移すことを大事にしたい。そのための教育の方法として、「行動の基盤を幼児自らに形成させる」としている。具体的・直接的な体験を通して自ら考える、試行錯誤する、気付くことにより子どもが自ら価値観を築いていくことを支えるのが大人の役割であると考えている。

　ウェルビーイングの概念を幼児教育に照らして考えた時、本園が掲げている教育目標の考え方と通じるところがあると捉えている。本園の教師は、教育目標を考え方の芯に置き、子どもと共に、「人間らしくよりよく生きるための行動の基盤」とは何かを常に問い続けているからである。

2　小学校における道徳の実践

（1）実践について
　本単元は「あいさつ」のあり方について、議論を通して考えさせたり、実験や観察などから気付いたことを共有したりし、「あいさつって本当に必要？」という問いを考えることで、自分なりにあいさつとの向き合い方を見つける単元である。あいさつのあり方について議論を通して考える中で、子どもたちが自分の経験や思いをたくさん話し、自分の中になかった価値観や考えを知り、自分の価値観や考えを更新していき、今後の実生活への活用に長期的なスパンでつなげていくことができる展開をねらう。そうすることで、最終的には子どもたち一人一人があいさつのあり方について考えながら他者とよりよいコミュニケーションをとることで、幸せや生きがいを感じ、個人を取り巻く場や地域、社会が幸せや豊かさを感じられるよい状態にしていくことができると考えられる。

（2）子どもたちの姿
　6年生の子どもたちは、最高学年として下級生の見本となることを意識して一学期を過ごしてきた。特に、あいさつについては学校として力を入れており、6年生の子どもたちは、登校班（縦割り班）の下級生たちへ見本となるよう、通学路や校門に立つ教師にあいさつを行っている。また、ほぼ毎日行われる全校朝会では、6年生の子どもが代表あいさつをしている。しかし、これらのあいさつは教師から子どもたちへ「見本となるように、あいさつをしよう」と伝えて行っているものである。子どもたちは学校であいさつの大切さについて言われ続けてきたため、あいさつの大切さについてはある程度語ることができると考えられるが、実生活の中では、「やらなきゃいけないから」「そうするものだから」というように、形だけのあいさつをしている子どもは少なくはないだろう。

（3）実践に込めた教師の願い

1）単元の設定について

「あいさつをしましょう」と教師が押しつける授業にならないように注意する必要がある。教師が一方的に押しつけるような授業になっては、子どもたちが、あいさつのあり方について思ったことや考えたことを伝え合うことができず、教師が用意した正解ありきの授業となってしまう。道徳の時間では、子どもたちの考えたことや感じたことなど、多様な意見を大切にしたい。こんな風に考える人もいるんだ、こんな風に感じる人もいるんだという価値観の共有が大切である。多様な考え方があることを認め合い、その上で自分と社会との関わりに目を向け、「自分ならあいさつをどうしていこうか」と自分のあいさつのあり方について考えさせたい。

2）考える必要感を持たせる問いの設定

子どもたちが必要感を持ってあいさつのあり方について考えることができるよう「あいさつって本当に必要？」という問いを設定した。あいさつが必要であることは当たり前であると子どもたちは思うだろうが、子どもたちが自分の経験を語る中で、漠然と「必要」と思っていたあいさつが、具体的になぜ「必要」なのかを考えさせることができると考えられる。

3）多様な価値を育む議論

身の回りにあふれるあいさつについて改めて分析してみたり、そのあいさつから感じる印象を見直したりする中で、本当にあいさつは必要なのか、必要だとしたらどのようなあいさつがよいのかについて議論をする。子どもたちのこれまでの経験や、授業の課題で行う実験や観察の結果をもとに子どもたちの考えをたくさん引き出せるようにしたい。そうすることで、あいさつをすることの良さや、逆に良くなかったことなどが引き出され、子どもたちの中であいさつについて多角的な見方ができるようになると考えられる。子どもによっては「そんな考

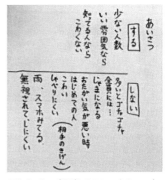

図6-1　児童のワークシート

え方があるんだ」と発見があるかもしれない。あいさつについて多角的な見方で議論を行うことで、子どもたちは様々な価値観があることを知り、自分の思いだけでなく他者に対しても意識を向け、自分と社会のつながりを意識できるのではないかと考えられる。

　また、議論では子どもたちが「よいことを言わないと」という雰囲気にならないように、意見を引き出す際に、プラス面を書く場所、マイナス面を書く場所などと分けておき、どちらの話題が出た際も、共感できそうなものであれば共感して、話しやすい雰囲気を作る。道徳の時間は、子どもの素直な思いや考えを共有することを大切にしたいため、子どもが「先生が求めている答えを言わないと」と思わないように心がけたい。

4）実生活にも生かせるよう長期的なスパンで

　本単元で考えたことは、授業が終わった後も実生活で活用できるようにしたい。この授業を受けた直後「あいさつは必要だ。なぜなら〜」や「あいさつは必要ない。なぜなら〜」と子どもたちは自分なりの考えを持っているかもしれないが、今後あいさつをしていく中で、繰り返し考え、長期的なスパンで自分なりの考えを更新し続けて欲しい。

（4）本単元の展開案

1時間目	
学習活動	指導上の留意点
①「あいさつ」と聞いて思い浮かべたことを共有する。	・「あいさつ」についての認識を自由に発表する時間をとる。あいさつについて様々な認識や考えがあることを知るためである。
②どんなとき、誰にあいさつをするかを共有する。	・具体的な日常の場面を思い出し、どんなときにあいさつをしていたのか思い出させたい。③で自分のふりかえりをしやすくするためである。

③自分のあいさつのふりかえりをして、共有する。	・あいさつを「している」「していない」に分けて板書する。子どもが「いいことを言わないと」という雰囲気にならないように、また、どちらの立場でも意見をしてもよいことを認識させるためである。両方の立場があることを理解できるようにしたい。
④あいさつは本当に必要かについてグループで意見を交流する。 ＜中心発問＞ 「あいさつって本当に必要？」	・③をもとに、違う立場の人がいることを前提に議論することを伝える。自分の意見を押しつけたり、違う意見を頭ごなしに批判し合ったりしないようにするためである。多様な考え方があることを認識させたい。
⑤あいさつについて自分の考えを書く	・板書を見返すよう伝える。この時間に考えたことを整理させて書かせるためである。

次回までの課題
①あいさつ実験 　心をこめたあいさつを２人にしてみる。どんな反応が返ってきたか観察する。その後、相手にどんな気持ちになったのかを確認してみる。 ②あいさつ上手な人を探す 　「この人のあいさつに心ひかれた」「どんなところにひかれたか」などの視点で探す。また、可能であれば、どんな思いであいさつをしていたのかなどを聞いてみる。

2時間目	
学習活動	指導上の留意点
①課題の結果を共有する。	・結果を共有する際、なぜそのような結果になったのか全体で考えることができるよう教師から質問を投げかける。
②あいさつが自分や他者に与える影響を考える。	・自分と他者との関わりを意識しながら、あいさつが与える影響について

③あいさつについて自分の考えを書く。	考えることができるようにする。 ・2時間の学習を通して考えたことを書き出すことで、自分の考えや立場を整理させる。
④教師からの話を聞く。	・この学習が終わった後も、あいさつについて考えを更新し続けることの大切さを伝える。長期的なスパンであいさつについて考えさせるためである。

（5）実際の子どもの姿の分析
【1時間目】
① 「あいさつ」と聞いて

　子どもたちに「あいさつとは？」という質問を投げかけると、初めは単に「こんにちは」「おはようございます」などの言葉としてのあいさつを言っていたが、発言が増えてくると徐々に、「第一印象」「日常会話」などのあいさつの意味、「気持ちを伝えるもの」「人を笑顔にするもの」などのあいさつが与える影響というように発言内容が変化していった。子どもたちが次々にあいさつに関することを発言する中で、それを聞いていた子どもたちの考えに影響を与え、発言内容に広がりを見せたのではないかと考えられる。

② どんなときに、誰にあいさつをするの？

　次に、子どもたちに「どんなとき、誰にあいさつをするの？」と尋ねた。子どもたちは、初めは自分の身近な人（親、友達、先生など）について発言していたが、他の子どもの発言を聞いていく中で、少しずつ「親の知り合い」「学校に来ている保護者」など少しだけ関わりのある他者や、「初詣のお参りに神様へ」「いただきますと命に言う」など、身近な人から広がりをみせていった。また、子どもたちが発言する度に、聞いている子どもたちから「あー、あるある」「たしかに、その時あいさつをしているな」と共感したり、思い出したりする反応がたくさん見られた。このように、子どもたちは他の子どもの発

言を聞いて生活での出来事を思い出したり、それまで自分の中になかった考えを知ったりすることができたようだ。

③自分のあいさつのふりかえり

　子どもたちに普段からあいさつをしているか尋ね、席の近い人と意見交流をする時間をとり、そこでどんな話がでたか全体共有を行った。あいさつをすると答えた子どもたちからは、「自分も相手も気持ちがよいからする」「相手に気持ちよくなって欲しい」という発言があった。あいさつをしない／あまりできていないと答えた子どもたちからは、無視された経験があったり、あいさつをしたときの相手の反応が気になったりするという発言があった。また、ある子どもからは「一人にあいさつして、他の人にしなかったら余計に悪い思いをさせてしまう。しかし全員にあいさつできない。なのであいさつをしない方がいい」という発言があり、それを聞いた子どもたちは「たしかに……」「それでもあいさつをした方がいいのでは」と考えさせられているようであった。どちらの立場の意見も、子どもたちは素直に具体的に話をしており、聞いている子どもたちからは、どちらの立場に対しても「わかる」「なるほど」「自分もそんなことあった」などと共感する声があったり、そんなこと思いもしなかったと他者の意見に耳を傾ける姿が見られたりした。あいさつをする／しない両方の立場の発言を聞き、他者の意見を聞いていろいろな立場の考え方を知ることができたようだ。

④あいさつって本当に必要？

　本時の中心発問である「あいさつって本当に必要？」を子どもたちに問い、グループで議論した後に、全体で意見の共有を行った。

［あいさつは全員にできない］

　あるグループでは「あいさつを全員にするのか、しないのか」という話題で議論が行われ、それが全体共有の場で話題にあがった。Ａ児は「すれ違った人全員にあいさつをする」、Ｂ児は「全員にあいさつはできないので、知らない人には必要ない」という意見で話をしていたようだ。それを聞いていたＣ児は「人間は多いから全員にはできない。自分ができる限りのあいさつをしたいと思う」と、２人の意見をもとに自分なりの答えを考え、それをみんなに伝

えた。この議論を聞いた子どもたちは、自分ならどうするのか考え、思い思いのことを話していた。それぞれの立場があることを知った子どもたちはあいさつを自分事として捉え、実際に自分ならどのようにあいさつをするのかということを考えることができたようである。

［あいさつは強制されるもの？　自分の気持ちにしたがってするもの？］

　C児から「あいさつは必要だと思う。基本はしたいが、したくないときもある。相手の機嫌もある。そんなときでもしないといけないっていうのは、強制されてやっていることになる。それってどうなのかな」という発言があった。普段からあいさつはしましょうと教えられている子どもにとって、あいさつは「しなくてはいけないこと」「強制的にやること」という認識になっているようであった。D児からも「あいさつは必要だと思うけど、まったく知らない人にはしなくていいと思う。絶対しないといけない……強制的なものとは違うと思う」という意見があった。今回の話し合いで、子どもたちはあいさつのあり方について考えたところ、自分の気持ちを表すためにするあいさつを強制的にさせられることへの矛盾を感じたようであった。子どもたちがあいさつの意義について考え、さらに自分事として考えることができたからこそ出た発言ではないだろうか。

［あいさつがなくても、できることばかりでは？］

　子どもたちから「あいさつは笑顔になるから必要」「あいさつをすると友達が増える」という意見が出た。それらの発言を聞いてE児は「あいさつは必要ないと思います。否定してるわけじゃないけど、あいさつして友達が増えるのだったら、世界はもっと平和だと思う」と発言した。E児の発言を聞いて、子どもたちは発言を少し止め、考え始めた（E児の意見に違和感を持った子どもも、また共感する子どもがいた）。少ししてから、F児が「確かに、あいさつをしなくても友達はできるけど……でもそのきっかけにはなる。何もなしよりあいさつがあった方がいい」と発言した。E児に共感していた他の子どもは「きっかけ」という言葉に「そうか、きっかけか」と納得していた。「あいさつは必要ではない」という意見から、クラス全体を巻き込んであいさつをすることの意義について子どもたちが考えを深めることができたのではないかと考

られる。
　⑤あいさつについて自分の考えを書く
　活動を経て、この1時間のふりかえりを子どもたちにワークシートに記述させた。

E児のふりかえり
あいさつは必要ではないとまではいかないけど、そこまで必要ではないと思う。あいさつは、あくまで何かをしたり、きっかけをつくる手段だと僕は思います。知らない人や、関わりのない人にする必要はないと思います。でも相手のことを考え、あいさつをするのはいいと思います。

　E児は授業中、「必要ない」立場をとっていた。ふりかえりは「必要ない」という立場で書いているが、「必要ではないとまではいかないけど」「でも、相手のことを考え、あいさつをするのはいいと思う」というような書き方をしており、議論を経て考え方が少し変わったようである。また、F児の言った「きっかけ」という言葉を用いており、授業前に持っていた「あいさつは必要ない」という考え方から、他児の考えを取り入れたり、自分の考えとすりあわせたりして変化したと考えられる。E児は議論をする中で、様々な意見を聞き、考えが揺さぶられたのだろう。結果、あいさつの良さについて理屈では分かりつつも、まだ納得しきれておらず、「必要ではない」という立場に寄った書き方をしたと考えられる。

【2時間目】
　①あいさつが自分や他者に与える影響を考える
　あいさつ実験では、心を込めたあいさつをした結果、うれしくなる反応が返ってきたという子どもが多くいた。その反面、無視されたり、嫌なことを言われたり、マイナス面もあったようだ。なぜマイナス面のようなことになったのか考える中で、子どもたちは「あいさつされる側」の立場を考えた。その中で、「こんなふうにあいさつをした方がいいと思う」「あいさつをするタイミングが悪かったと思う」というように、相手を意識したあいさつの仕方について考える姿があった。あいさつ上手な人を探す課題で行ったインタビューでは

「相手の心が明るくなったり、気持ち良くなったりするように心がけている」など、他者を意識してあいさつをしているという話が多くあがった。

2つの課題について共有した子どもたちは、あいさつが自分や相手にいろいろな影響を与えることを感覚的に分かってきたのではないかと思われた。そこで、「あいさつが自分や相手に与える影響って何だろう」と尋ね、グループで考えを共有した後、全体共有をした。子どもたちからは「親しくなれる」「自分も相手もうれしくなる」などの意見がでた。ある子どもから「親しすぎるとあまりあいさつしなくなる」と発言があった。その発言に対して、「仲がよい方があいさつする」や「お姉ちゃんにあいさつしても、近い関係だからよいあいさつが返ってこない」などと違う立場の発言があった。子どもたちは、あいさつの大切さは理解しつつも、相手との距離感や関係性によって、よいあいさつができたりできなかったりすることについて考えさせられていた。

2つの課題の結果や、あいさつが自分や相手に与える影響での議論などから、子どもたちは、普段からの他者との関わり方や、他者とのコミュニケーションのとり方について関連させながら考えている様子がたくさん見られた。また、相手の立場になって考える姿もたくさんあり、あいさつの必要性について自分と他者双方の視点で考えることができたと思われる。

②あいさつについて自分考えを書く

以下は2時間の授業で考えに変化があった子どものふりかえりである。

1時間目のふりかえり
僕は、この授業を受ける前は、あいさつは絶対に必要だと90％思っていたが、この授業を受けたあとは「確かに大事だが無視されたりしたら嫌」と思い、しなくてもいいのではと思ったが、あいさつするとやる気が湧くし、一日の始まりが良くなるし、相手の気持ちが分かる。元気だと言うことを相手にアピールすることによって、この人は親切で優しい人だと思い、信頼してあげようという気持ちが湧き、プラスな気持ちになるので必要だと94％思いました。
2時間目のふりかえり
僕は、この授業を受ける前まではあいさつは94％大事だと思っていたが、あいさつして無視や何か暴行を加えることがあると聞き、確かに今までそういうことが僕にもあったなと思い、そう考えると、あいさつは81％大事だと低くなり

> ました。しかし、自分的には、今まであいさつしてマイナス的なことはなくプラス的なことだけだと思っていたし、この授業を受けて、よい案も出てきて、本当に大事だと改めて思いました。相手の顔、態度、気持ちを考えて接していきたいと思いました。なので、これからもできるだけあいさつを毎日するのを続けていきたいと思います。

　この子どもは、％を使って自分の思いを記述していた。授業前は、あいさつは90％くらい大切だと思っていたようだ。しかし、他の子どもの意見を聞く中で、あいさつにはプラス面だけではなくマイナス面もあることを知り、気持ちが揺さぶられたようだ。そして、他の子どもの意見と自分の考えをすりあわせた結果、あいさつは必要だという気持ちが大きくなり、94％に変化した。さらに2時間目では、あいさつ実験の結果を聞き、マイナス面が大きくなり81％に変化したと書いているが、「相手のことを考えてあいさつを続けていきたい」ということを書いていた。授業前まであいさつにはプラスの面しかないと思っていたようであるが、他の子どもの声を聞く中で、自分の中になかった価値感が生まれたようである。

（6）まとめ

　本実践では、子どもたちが将来的に幸せや生きがいを感じることができるような単元として、あいさつのあり方について議論を通して考える中で、子どもたちが自分の経験や思いをたくさん話し交流することで、自分の中になかった価値観や考えを知り、自分の価値観や考えを更新し、今後の実生活への活用に長期的なスパンでつなげていくことができる展開にした。2時間目に書いたふりかえりでは、子どもたちが今後どのようにあいさつと関わっていきたいか、自分なりの考えをもとにたくさん記述している姿が見られた。今回の実践の後、子どもたちがあいさつについて考え続け、自分なりに「あいさつ」と向き合って生活に活かしてほしいと願う。

　また、後日談になるが、1時間目で「あいさつは必要ない」という立場をとっていたE児の様子を観察していると、教室に入ってくるなりクラスのみんなに向けて、少しぎこちなくだが、あいさつをしている姿が見られた。その

ぎこちなさには、Ｅ児なりの様々な気持ちの揺らぎがあると思われる。今後も子どもたちの姿を観察し、子どもと関わったり朝の会などの時間を使ってその後どのように考えているかふりかえったりするなど、あいさつについて考え続けるための時間を作る予定である。

3　中学校における道徳の実践

（1）実践の概要

　勤務先の神戸大学附属中等教育学校では中学校段階の生徒を持つことが多く、道徳の授業を何年か行ってきた。現在教えている生徒は、中学校１〜３年生まで持ち上がってきている。彼ら・彼女らと日々接する中で、授業を含めた様々な場面で道徳について考えてきた。この実践報告は、自分自身が道徳とどのように向き合い、悪戦苦闘し、失敗してきたかを語ることになる。

　勤務校では p4c（philosophy for children、子どものための哲学）を授業や特別活動（学級びらき等）で取り入れている。哲学対話と呼ばれる実践で、最近は総合的な探究の時間が高校段階で行われるようになったことからも注目を集めている。縁あって筆者は、勤務校で p4c を８年ほど実践してきた。

　p4c とは何か、簡単に説明しておきたい。田沼（2023）に収録された豊田光世の論考[1]によると、アメリカの哲学者のマシュー・リップマンが創始した教育実践であり、対話を通して子どもたちの探究心や思考力を育む教育実践であるという。その実践は、次で述べるように非常にシンプルだ。

　授業者（ファシリテーター）と参加者全員で円を作り、一つのテーマ（問い）について自由に議論する。相手を傷つけるようなことは言わない。あくまでファシリテーターと参加者は対等な立場である。

　勤務校で行う道徳授業の基本的な流れ（２時間構成）は次の通りである。
　　① 道徳の教科書教材を読み、個人で問いを立てる
　　② 小集団で問いを一つ選ぶ
　　③ 学級全体で議論したい問いを多数決で選ぶ（ここまで第１時間目）
　　④ 選ばれた問いについて全員で議論（p4c）をする（第２時間目）

第 6 章　幼稚園、小学校、中学校における道徳の実践　145

　まず、題材を決める。道徳の学習指導要領を参照しながら、目の前の子どもたちに考えてほしい内容を選ぶとよい。

　後述するが、日本学術会議の報告[2]（2020）によると道徳は「特別の教科」になってから日が浅い。ゆえに教科書においても、「考え、議論する道徳」に相応しい題材が十分に揃っているとは言い難い。

　しかしながら、筆者は上記の手順①で述べた、個人で問いを立てるという作業が効果的であると考えている。なぜなら、教材を基に問いを立てることによって、教材の意図に沿った問いだけでなく、教材そのものを批判し、背景にある価値観そのものを疑うような問いを考えることができるからである。

　個人での問い出しが終わったら 4 人程度の小集団で問いを共有し、全員で議論したい問いを一つ決める。40 人学級であれば、合計 10 個の問いが集まることになる。それぞれの小集団の代表は、問いを選んだ理由を簡単に説明する。説明が終わったら、全員で多数決を行い、問いを一つ選出する。

　全員での議論には、コミュニティボールという毛糸玉を用いる（図 6-2）。円になって座り、発言したい人は挙手してボールを受け取る。発言するのはボールを持っている人だけである。他の人は、参加者の発言に耳を傾ける。安心して発言できる状態をセーフティと呼び、p4c ではセーフティを重視する。初めての集団で p4c をする際には、セーフティを確保するためにも、ボール自体を全員で作ることから対話を始めることが多い。

図 6-2　コミュニティボール

　今回紹介する実践では、『新訂　新しい道徳 3』（東京書籍）の「言葉おしみ」という題材を用いた。中学校 3 年生を対象に、2024 年 4 月〜 5 月に実施した授業をもとにしている。

　p4c は基本的に教室で行うことが多

図 6-3　p4c の様子の例

いが、図6-3のように屋外で行ってもよい。教室で行う場合には、机をいったん後ろに送り、椅子だけを持ってきれいな円を作るように並ぶ。その際、互いの顔が見えるように中心には何も置かない。並びを誕生日順などあえてランダムにすることで思わぬ交流が生まれる。

（2）実践に込めた教師の願い

　道徳の授業とは、いったい何だろうか。この疑問が実践のベースになっている。一般的な道徳の授業としてよくイメージされるのは、教科書を読み、何らかの問いが教師から提示され、児童や生徒は答えを言ったり、また、書いたりするような、教師主導で進んでいく授業だろう。

　2015（平成27）年の学習指導要領の一部改正により、道徳教育が教科（特別の教科 道徳）化された。従来型の読み物教材中心の道徳から、「考え、議論する道徳」への転換と言われる。

　だが、道徳の授業は、本当に「考え、議論する」ものになっただろうか。日本学術会議哲学委員会の報告[3]によると、現在の道徳教育には4つの問題点（①国家主義への傾斜の問題　②自由と権利への言及の弱さの問題　③価値の注入の問題　④多様性受容の不十分さへの危惧の問題）が指摘されている。とりわけ価値の注入の問題については問題点が多く残されている。既存の価値観を押し付けられていると児童や生徒が感じる場合、道徳の授業を面白いと思えない一因になっているのではないだろうか。

　私たちは普段、自分自身や身近な他者が、何を考えているか知っていると思い込んでいる。学校という場であれば、なおさらその傾向は強いかもしれない。子どもたちは、互いのことを理解してほしいという空気に無意識的にさらされていると言える。学級や部活動はつながる喜びを与えてくれる。一方で、学校という場が社会的な場である以上、様々な人間関係のしがらみもさけがたく存在している。

　しかし、永井[4]（2021）が言うように、「最も近くのひとが最も遠い存在」であることに気付く営みこそがp4c、ひいては道徳の授業であると言ってよい。隣にいる身近な他者は、あるいは自分自身でさえも、本当は何を考えて

日々過ごしているのかよく知らない。そのことに気付くことから、対話は始まるのかもしれない。

　教材として選んだ「言葉おしみ」は、あいさつがテーマになっている。たまたま空間を共有した他者へ、あいさつ（声かけ）を返すことの重要性が説かれている。教材の隠れた前提として、誰に対してもあいさつをする、またはあいさつを返すことが美徳であるという価値観が存在する。

　「言葉おしみ」という教材は大きく３つの話からできている。

　１つ目は『大人のあいさつ「どういたしまして」』と題されている。会社勤めの友人の話という設定である。その友人は駅の改札機が自動式に一新されており手間取っていたところ、後ろの40代の男性を待たせてしまう。男性は「どういたしまして。ごゆっくり」とにこやかにゆったりと答える。お礼と柔らかく受け止める言葉の重要性が語られる。

　２つ目は、『雰囲気を和らげる「お先に」の一言』だ。混み合う劇場のトイレの待ち時間に、「お先に」と声をかける女性のエレガントさが描かれている。殺伐とした空気が、「お先に」の一声で和んだという。

　３つ目は「なぜ、呼ばれて返事をしないの？　増えている言葉おしみ」である。病院の待合室で「呼ばれて返事をしない」ことが当たり前になっていたり、電車で席をゆずる際に声をかけなかった「私」と、ゆずられた方のはっきり拒否しなかった男性が互いに気まずさを感じるという内容である。言葉おしみとは、教材中でこのような文脈として語られている。

　以上の話に共通するのは、大人の言葉おしみは広く一般的な現象になっており、言葉おしみは不利益や不快な印象を自分自身または周囲に与えてしまうということである。

　ただ、冷静に考えてみると、問題になっているのはあいさつの有無だけではなく、むしろ大人同士のコミュニケーション不全であると言ってよい。互いの存在を思いやろうとしない態度が、言葉おしみという形で表面化しただけである。ここでは互いの存在は、見えているようで、はっきりとは見えてはいない。

　よって、この教材の問題点は次のように指摘できる。最も大きな問題は、あいさつを含めたコミュニケーション不全は社会全般（とりわけ大人）に起因す

るものであるのにもかかわらず、それを個人の「言葉おしみ」という声かけ不足に矮小化してしまっている点である。

また、1つ目のエピソードで登場する「駅の改札機が自動式に一新」という変化は生徒にとっては遠い昔の出来事である。この文章を読むだけでは、「言葉おしみ」が生徒自身にとって身近な問題として認識できるようになっていない。

なぜあいさつは必要なのか、本当に必要なのか。円滑な人間関係はあいさつさえあれば本当に築くことができるのだろうか。あいさつを虚礼としないようにするにはどうすればよいか。この教材を読んでいると、改めて様々な問いが思い浮かんでくる。生徒にとって身近な例を挙げるとすれば、暗に強制されてしまうあいさつがあるかもしれない。義務化してしまっているあいさつである。あいさつを含めた礼儀を、義務的かつ強制されたものとしてだけ受け取っているままでは、「言葉おしみ」の悲劇を再生産するだけではないか。この問題は、大人の側にこそ突きつけられている社会問題なのである。

多様な視点で、あいさつすることや人との関わり、そして社会のあり方自体をもう一度考え直してほしいという願いからこの実践を構想している。

（3）本時の展開案

　　教材：「言葉おしみ」『新訂　新しい道徳3』（東京書籍）
　　問い：言葉おしみって悪いの？
　　第1時　教材「言葉おしみ」を読んで問いを立てる（図6-4）
　　第2時（本時）問い「言葉おしみって悪いの？」でp4c
　　内容項目　B　主として人との関わりに関すること（7）礼儀
　　（価値項目は「中学校学習指導要領（平成29年告示）解説　特別の教科　道徳編」によった）

本時（p4c）の前に、教材を読んで問いを立てた。10個の問いが集まった。勤務校では、クラスに4人1組の合計10小集団がある。小集団は2つで1つの班となる。名称は1A・1Bとなり、5班まである。問いを列挙してみよう。

図6-4　第1時で小集団から出た問いの板書

1Ａ　席をゆずる時に気まずくならない言い方とは
1Ｂ　子供のあいさつとは？
2Ａ　「どういたしまして」はどういう言葉に返事するのか？
2Ｂ　なぜ最初からあいさつをしないのか
3Ａ　本当に言葉惜しみをしているのか？
3Ｂ　トイレでのあいさつは必要か
4Ａ　声をかける必要がないのにかけるのはなぜか
4Ｂ　おはよう、こんにちは、こんばんはの時間帯
5Ａ　言葉おしみって悪いの？
5Ｂ　知らない人にあいさつしてみてイヤな顔されたらどうしたらいいのか

　投票の結果、5Ａの問いが選ばれた。この時、5Ｂの問いも同じ程度の票数を集めたため、2つの問いで再度決選投票を行った。どんな問いが選ばれるかは対話の成否を左右する重要な要素である。具体的すぎる問いは対話がすぐに終わってしまい、議論の深まりを期待することは困難だ。かといって抽象的すぎる問いはどう答えてよいかわからない。
　対話に慣れてくると、どのような問いであっても参加者同士で質問しあって対話を成立させることができるようになるのだが、慣れていない時点では、対話が軌道に乗るまで、授業者が質問したり反例や理由を考えたりすることを促

すような声かけが必要になる。

「中学校学習指導要領（平成29年告示）解説　特別の教科 道徳編」（2018）の礼儀の項目によれば、次のように記載されている。「礼儀の意義を理解し、時と場に応じた適切な言動をとること」が身に付けるべき礼儀の内容項目であるとされる。

内容項目とは、「道徳科を要として学校の教育活動全体を通じて行われる道徳教育における学習の基本となるもの」とされ、22項目がA～Dの4つに分類される。その4つとは、「A 主として自分自身に関すること」「B 主として人との関わりに関すること」「C 主として集団や社会との関わりに関すること」「D 主として生命や自然、崇高なものとの関わりに関すること」である。

「学習指導要領解説」で明記されていることだが、「必ずしも内容項目を1つずつ主題として設定しなければならないということではない」という点に留意する必要がある。

つまり、内容項目同士に「関連性をもたせ」、「発展性を考慮する」ように授業を構想する必要があるということだ。

この点でも対話は有効的である。なぜなら対話には、脱線や行きつ戻りつがあるからだ。p4cの最中にあることだが、対話が佳境になってくると、特定の生徒間のやり取りが減り、参加者の多くが対話に引き込まれ、発言しようと挙手することがある。大勢の意見が飛び交うことで、対話についていけない者が出てくる。そんな時、「さっきの発言ってどういうことですか？」と言った質問を投げかけ、意図的に対話のスピードを遅くすることが重要になる。

無理に答えを急ぐ必要はない。p4cの著名な実践者であるハワイ大学のトーマス・ジャクソン教授は対話の際、次の言葉を口癖のように投げかけるという。

「ゆっくり行こう」と。

（4）実際の子どもの姿の分析

評価については、ワークシート（表6-1）へのマークと自由記述による自己評価（図6-5）を主に実施している。また、ワークシートだけでなく、対話後に個人の参加度（対話を楽しめたか否かを）を挙手で示す簡単な自己評価も実

施する。

　図6-5の生徒の場合、対話前と対話後の考えは変わっていないと記述している。ところが、対話後に「自分が思っていた言葉おしみの程度と違うっぽい人が結構いることに気づいて」いる。さらに、「自分の中では最低限だと思っていても、他の人からしたらそれすらも必要ないと思っていたりしたら、すれ違いやモヤモヤがおきそう」と、自分ごととしてあいさつや言葉おしみについて考えるようになっている。これは対話による変化と言える。

　それは終わりではなく、始まりにすぎない。他者の考えへの気付きから、次の対話が始まっていく。

　この対話で、興味深い具体例が出た。ある生徒が、近所の住民に「おかえり」や「行ってらっしゃい」と言われた時、どう返せばよいかわからないと打ち明けたのだ。多くの同意する声が挙がった。家族では当たり前のように交わしているあいさつであったとしても、家族ではない人に、「ただいま」や「行ってきます」と返す気恥ずかしさがそこにはあるのかもしれない。

　また、これは授業者である筆者自身が投げかけた質問なのだが、イヤホンをつけている相手にあいさつをするべきかどうかというものだ。

　朝の登校時、イヤホンをつけたまま学校に入ってくる生徒を見かける。あるいは、休み時間（場合によっては授業中にも）イヤホンで音楽を聴いている生徒に出くわすことがある。時には筆者自身、通勤中にイヤホンで音楽を聴いていることがある。すれ違う生徒があいさつをしてくれ、あいさつを返すとき、慌ててイヤホンを外すこともたびたびだ。筆者は、生理的な感覚として、イヤホンをつけたままあいさつを返すことにどうしても抵抗があると打ち明けた。それに対する生徒の反応は様々で、共感できるというものから、気にしすぎなのではという声もあった。イヤホンをつけていると、外界に対して関心を遮断している印象を周囲に与えることがある。些細な例ではあるが、自分自身と他者の感覚が異なることへの気付きがその場に生まれた気がした。

　対話前の考えと対話後の考えを併記することによって、考えの変化を見取ることができる。

表 6-1 マークシートの例

p4c 振り返りマークシート　2019年度版	
月　　　日　　　　年　　組　　番　　名前	
本日の問い：	
できていない　　　　　できた	できていない　　　　　できた
1　対話を楽しむことができましたか？ 　　①　②　③　④　⑤	5　他の人の話を聴くことができましたか？ 　　①　②　③　④　⑤
2　セーフティのある対話をつくれましたか？ 　　①　②　③　④　⑤	6　例を考えることができましたか？ 　　①　②　③　④　⑤
3　対話と生活をつなげることができましたか？ 　　①　②　③　④　⑤	7　理由を考えることができましたか？ 　　①　②　③　④　⑤
4　新しい考えを見つけることができましたか？ 　　①　②　③　④　⑤	8　反例を考えることができましたか？ 　　①　②　③　④　⑤
対話前の考え	対話後の考え

出典：中川（2023）より引用

第 6 章　幼稚園、小学校、中学校における道徳の実践　153

記述評価

対話前の考え	対話後の考え
日本は物事や考えをはっきりと言わなくても伝わる文化がある（※善し悪しは別として）ので、自分の意思がある程度伝われば良いと思う。あまりはっきり言っても相手の厚意を傷つけかねないと思う。	考えは変わらず。ただ、自分が思っていた言葉おしみの程度と違うぽい人が結構いることに気づいて、自分の中では最低限だとする思っていても、他の人からしたらそれも必要ないと思っていたりしたら、あれ違いやモヤモヤがおきそうだなとも思った。なるほど。

図 6-5　生徒による記述評価の例

<注>
1) 田沼茂紀編著『道徳は本当に教えられるのか』東洋館出版社、2023 年
2) 「報告　道徳科において『考え、議論する』教育を推進するために」日本学術会議哲学委員会（哲学・倫理・宗教教育分科会）、2020 年
3) 脚注 2 と同上
4) 永井玲衣『水中の哲学者たち』晶文社、2021 年

<参考文献>
マシュー・リップマン著、河野哲也・土屋陽介・村瀬智之監訳『探求の共同体　考えるための教室』玉川大学出版部、2014 年
鷲田清一『「聴く」ことの力　臨床哲学試論』ちくま学芸文庫、2015 年
フィリップ・キャム著、桝形公也監訳『子どもと倫理学』萌書房、2017 年
河野哲也『じぶんで考えじぶんで話せる こどもを育てる哲学レッスン増補版』河出書房新社、2018 年
豊田光世『p4c の授業デザイン』明治図書出版、2020 年
M.R. グレゴリー・J. ヘインズ・K. ムリス編、小玉重夫監修『子どものための哲学教育ハンドブック』東京大学出版会、2020 年
藤原さと『「探究」する学びをつくる』平凡社、2020 年
永井玲衣『水中の哲学者たち』晶文社、2021 年
荒井裕樹『まとまらない言葉を生きる』柏書房、2021 年

河野哲也『問う方法・考える方法』ちくまプリマー新書、2021 年
田沼茂紀編著『道徳は本当に教えられるのか』東洋館出版社、2023 年
中川雅道「子どものための哲学を評価する ― ルーブリックを用いた相互評価」『思考と対話』、
　　2023 年 7 月
「中学校学習指導要領（平成２９年告示）解説　特別の教科 道徳編」2018 年
「報告　道徳科において『考え、議論する』教育を推進するために」日本学術会議哲学委員会
　　（哲学・倫理・宗教教育分科会）、2020 年

コラム5　「学習者主体の教育」の落とし穴？
―教師の責任について考える―

　「最後に阻むのは大人」。「生徒の声」に基づく校則見直し活動に中心的に関わった、ある高校教師A先生の言葉である。A先生は、「ブラック校則」が問題化されるなかで、自校の校則も見直す必要があるのではないかという問題意識から、生徒たちが自ら校則を見直し、修正していく活動を進めてきた。取り組みを通じて多くの成果が得られたが、活動の初年度ということもあって、生徒の訴えにもかかわらず見直しが思うように進まない場面も多く見られた。その背後には、学校教育のあり方をめぐっていくつかの根深い問題が横たわっており、その一つが、教師側の旧態依然とした指導観にあるとA先生は考えたのである。A先生は活動が生徒主体で進められることを大切にしてきたが、教師側の指導観が変わらない限り、結局のところ生徒の声が聞き届けられることはない。とはいえ、教師が生徒を指導すること自体を否定することはできないだろうし、のぞましくもないだろう。A先生の葛藤は続いていた…。
［久保園・村松・大脇 2023］

＊

　「学習者主体の教育」の重要性がいわれて久しい。近年の教育改革のなかでも、アクティブ・ラーニングや探究学習をはじめとして、子どもの興味関心や主体性を尊重し、実生活のなかにある社会的な課題を子どもが自ら解決していくような学びが重視されるようになってきている。冒頭に紹介した「生徒の声」に基づく校則見直し活動も、そうした実践の一つの事例として位置づけることができるだろう。
　「学習者主体の教育」という考え方は、教師と学習者、大人と子どもの教育的関係のあり方を根本から問い直そうとするものであり、非常に重要な視点を含んでいる。だが、一見リベラルで進歩主義的なその理念に、何か「落とし穴」はないのだろうか。多くの人が同意するであろう考え方だからこそ、あえてその危うさについても目を向けてみたい。

＊

　手がかりとするのは、1958年に発表された、政治哲学者ハンナ・アレント（Hannah Arendt, 1906-1975）の論文「教育の危機」である。アレントはこの論文で、基本的には当時のアメリカの状況を念頭に置きつつも、「何であれ一国で起きうることは近い将来ほとんどすべての国で同様に起きうるということが、二〇世紀の一般法則である」として［アーレント 1994：234］、近代における「教育の危機」について考察を

加えている。それはまさに、進歩主義的な教育の危うさを指摘するものであった。

　この論文で、アレントは教育に対する大人の責任を問題にしている。すなわち、子どもの主体性を尊重し、子どもならではの視点（大人にはない、新しくユニークなものの見方や考え方）を重視するという口実のもとで、実際にはこの世界に対して本来大人が担うべき責任が放棄されているのではないか、と。

　そもそも、大人は子どもの教育に対して二重の責任を負っている、とアレントは論じる。一つは、子どもの生命を保護し、子どもが大人へと十全に発達していくことを可能にする責任であり、もう一つは、子どもを新参者として世界へと導き入れ、世界を存続させていくという責任である。この2つの責任は、互いに対立しあう。というのも、「子供は、〔発達するために〕世界から破壊的なことが何一つふりかからないように特別の保護と気遣いを必要としている。しかし世界もまた〔存続するために〕、世代交代のたびに世界を襲う新しい者の攻撃によって、荒廃させられたり破壊させられたりしないように保護を必要とする」からである［アーレント 1994：250］。

　こうした見方からすれば、学校は「子供が最初に世界に導かれる」場所として位置づけることができ、そして実際、「学校で学ぶことは、国家すなわち公的世界によって要求されている」。このことが意味するのは、学校教育における大人あるいは教師の責任が、第一義的には世界への責任を指しているということだ［アーレント 1994：254］。

> 教育者は、若者に対して世界 ── 自分自身が作ったのでもなければ、さらには秘かにせよ公然とであれ、別様であったらと望んでさえいるのに自らが責任を負わねばならぬ世界 ── を代表する立場にある。この責任は教育者に恣意的に押し付けられたものではない。〔中略〕世界への共同責任を負うことを拒否する人は、子供をもつべきではなく、子供の教育に参加することは許されない。［アーレント 1994：255］

　アレントによれば、教師の権威は、まさに「かれがその世界への責任を負う点に基づく」［アーレント 1994：255］。だが、いまやその権威は見捨てられており、しかも「権威を見捨てたのは、大人であった。これが意味するのはほかでもない、大人は子供を世界のうちに導き入れながら、その世界への責任を負うのを拒絶している、ということである」［アーレント 1994：256］。それは、確かに「教育の危機」といえる状況だろう。

*

子どもに対して「これが私たちの世界だ」と示し、そこに子どもを新参者として導き入れること。そうした責任を大人あるいは教師が放棄し、この世界の変革を新しい世代に委ねようとするとき、何が失われるのか。

　一つは、大人自身が他の大人とともに世界をよりよいものへと変革していこうとする可能性である。これは「政治」の範疇に含まれる活動だが、政治の領域においては、世界の変革には大きなリスクとコストが伴う。他の人々から反発がくるかもしれないことを承知のうえで、自らの考えや立場を明らかにし、反対者に対しては説得を試み、変革が実行された際にはその帰結にも責任を持たねばならないからだ。こうしたリスクやコストは、政治という営みが対等な大人同士の間でなされるからこそ生じるものである。翻って、私たちの新しい世代に対する期待の裏側には、大人という有利な立場から子どもに介入し、「教育」の名のもとに子どもを社会変革の主体にした方が、はるかに容易だという計算や欲望が潜んでいないだろうか。

　そうであるとすれば、世界への責任の放棄によって失われるもう一つは、そこで期待されている当のもの、すなわち、一人一人の子どものうちにある「新しさ」であろう。なぜなら、そこで求められている新しさは、結局のところ大人（旧い世代）のもつ変革への願望を投影したものにすぎず、子どもの本来の新しさは、大人の統制によって歪められてしまうことになるからである。アレントは次のように述べている。

　つねにわれわれの希望は各世代がもたらす新しいものに懸かっている。しかし、われわれの希望はひとえにこのことを拠りどころとするため、旧いものであるわれわれが新しいものを意のままにしようとし、その在り方を命じようとするならば、われわれはすべてを破壊することになろう。まさに、どの子供にもある新しく革命的なもののために、教育は保守的でなければならない。［アーレント 1994：259］

　各時代の新参者たちが新しいものをもたらすことがなければ、世界は衰退し、究極的には破滅するしかない。世界が存続し続けるために「新しい風」が必要だということは、まったく確かなことだ。だが、というよりもむしろ、だからこそ、教育は子どものうちにある新しいものに手をつけるのではなく、子どもにとっては旧いものであるところの世界を保守（conserve）するものでなければならない。それが、アレントの結論であった。

＊

　こうしたアレントの議論は、それ自体論争的なものであろう。だが、子どもの主体性を尊重し、社会的な課題をよりよく解決する資質能力を育むという理念のもとで、

実際には大人が世界への責任を放棄し、子どもを社会変革の手段にしてしまっているのではないかという彼女の問題提起は、一考に値する。冒頭で紹介したエピソードにもあったように、子どもの自発性を尊重するなかで鋭く問われるのは、むしろ、大人や教師としての私たち自身のあり方である。子どもの教育に対して、また、世界の存続や変革に対して、どのように責任を負いうるのか。その答えは、私たち自身が見つけ出さなければならない。

＜参考文献＞
久保園梓・村松灯・大脇和志「「生徒の声」に基づく校則見直し活動の意義と課題：県立A高等学校の事例から」『公民教育研究』30号 2023年 pp.17-32
ハンナ・アーレント（引田隆也・齋藤純一訳）『過去と未来の間』みすず書房 1994年

第7章
理論と実践の往還 ― 3校種の実践を踏まえて ―

はじめに

　第6章の各校種で行った実践について、本書の著者らがオンラインにて振り返りを行った。テーマは、「子どものウェルビーイングを実現するための道徳教育を目指した保育・教育とは？」である。幼児教育における領域人間関係は、身近な人（保育者や友達）と共に過ごす喜び、楽しさを通して、人と関わる力を育んでいる。人と人との信頼関係を基盤に育んできた自分が愛される存在であるという実感、他者への愛情と信頼感、ルールはよりよく変えていくものであるという主体性を、小学校および中学校では、どのように受け取り、実践しているのだろうか。

　本章は、3校種の実践を語り合う中で見えてきた理論と実践の往還の現状と課題について整理した。なお、本章では3歳以上の教育を行う者を「教師」とし、特に乳幼児期の保育・幼児教育を行う者を指す場合は「保育者」と明記する。

1　「あいさつ」から考える道徳教育の連続性

　小学校の「あいさつ」をテーマにした実践について、もし児童が教師の求めている答えに向かっていかなければならないと思っていたとしたら、児童にとってつまらない授業になっていたであろう。しかし、第6章で紹介された小

学校の実践では、教師が決まった価値観を押し付けたり、正しいか正しくないかを児童に求めたりせず、児童が考え、議論していた。

そもそも、あいさつはなぜ必要なのだろうか。このことを考えることは幼児教育でも大切にしており、もちろん、大人が意見を押し付けることはしないようにしている。なぜなら、幼児も大人の求めていることを察知するからである。児童であればなおさらであろう。だからこそ、児童にとって教師の言ったことが正しい答えというわけではなく、自分と他者では価値観が違うということに重きが置かれている授業であったことに大きな意味があると思われる。

幼稚園では何かいざこざや困ったことがあった時に、子ども同士の考えがぶつかることが多い。小学校の実践ではそのような直接的なぶつかりではなく、授業を通して、自分と他者の意見は必ずしも同じではないこと、自分とは違う考えがあるということに触れていた。このことが、小学校と中学校の道徳科の授業として大切であるように思う。子どもの言葉で「考えが少し変わった」と書かれてあったが、子ども一人一人の揺らぎを授業で大切にしていることがよく分かる。幼稚園で大切にしていることが小学校にもつながっている。

また、あいさつの必要性ついて、子どもが「％」で表していた。％表記は授業者が指示したわけではなく、子どもが考え出したものだった。子どもが自ら数値化するのは大変面白い。道徳科の評価において、教師は子どもを点数で評価をしないことになっているが、今回の小学校の実践では、子どもが自ら評価方法を考え、「％」で示してきた。数値で示すことで、「こういう場面であいさつは必要だけど、こういう場面では別にあいさつしなくてもいいよね」という考えが子どもから引き出されるようにも思われる。その際、教師は数値がどれだけ上がったか下がったかに焦点を当てる授業をしないことが重要であろう。

例えば、子どもが「17％心が動いた」と記述したとしても、教師はなぜその％の値なのかということが子ども自身の言葉で記述されているかを大切にする。道徳科の授業を通して、子どもは何かしらの影響を受けながら変容していく。この変容の積み重ねが、長期的なスパンで見たときにその子どものウェルビーイングにつながっていくのではないかと思われる。道徳科の授業で考え、議論したことをきっかけに、今後子どもたちがどのように「あいさつ」と向き

合って変容していくのかが教師にとっての楽しみであり、どのように今後つながっていくのかをみていく視点にもなる。

　小学生の子どもが、自分の考えたことを自ら数値と言葉で表現したことは評価できる。さらに、数値だけでなく、子どもたちなりの思考も振り返りの言葉の中に見えている。小学校でも中学校でも、教師は授業で子どもに振り返りをどう書かせるかで迷うことがある。その時に結論ありきの道徳科の授業や、みんなこういう考えになってほしいという一つの正解が教師側にあると、子どもたちは教師に忖度してしまう。子どもたちが教師の予想を裏切ってくる、そのような実践がよりよい実践なのではないかと考えさせられる授業であった。

　園・学校では日常的にあいさつの大切さについて伝えており、子どもからすれば「あいさつはするもの」だと思っているだろう。実践を行った小学校の子どもたちは基本的に日頃からどの子もよくあいさつをする。しかも、6年生の子どもたちは登校班でも率先して見本になるようにあいさつをする。そもそも「あいさつ」は、授業に限らず子どもたちが幼い頃から指導されてきたことである。その中で、子どもから「あいさつはいらない」という主張があれば、それはかなり強い主張であろう。このような意見を道徳科の授業では取り上げたい。教師としては、子どもが幼児期から当たり前のようにしてきたあいさつだからこそ今回の単元が必要であり、今回の実践を通して子どもの中に変容が生まれ、すぐにではなくてもゆくゆくは自分たちの幸福感のためにあいさつと向き合えるようになってほしいという願いをもっている。

　幼稚園の場合は、日常の遊びや生活において自然発生する中で教師が意図をもちながら子どもの気付きを支え、それをまた周りに広めたり向き合えるようにしたりする。同じように道徳科の授業であいさつをテーマにすることは、日常の一コマ一コマの中での子どもとの出来事を捉えているからこそできる実践だ。小学校の実践はあいさつするのが当たり前だと思っている子どもたちが、自分の率直な思いを出しながら、自分は本当にあいさつについてどう思っているのかを考えるよい機会になっていた。子どもたちの中には、あいさつはした方がよいのはわかっているが、させられている感があると思っている子どももいたかもしれない。あいさつをしている子どももしていない子どももいるとい

うことも実際には起きている。実践者としてそのような状況を普段から見ているからこそ、個々に声をかけるよりは道徳科の授業を通して全体で考えてほしいという思いがあった。もちろん、道徳科の授業の時間ですべてを扱いきれるわけではない。道徳科の授業をきっかけにして、子どもたち自身で考えてほしいと願っている。

　幼稚園ではしばしば「種まき」という表現をする。子どもたちが自分で問いを立てていくきっかけを作っていくような意味で用いている。あいさつの授業実践でいえば、「あれ？　自分ってなんであいさつしてるんだろう？」「このあいさつってどういう意味があるんだろう？」などを子どもが自ら問い、「あいさつしたらやっぱり気持ちいいなぁ」「相手も気持ちよさそうにしてくれてるなぁ」ということに気付き、その積み重ねで道徳性が養われていくというような意味である。「種まき」は日頃の子どもとの関わりと密接につながっていることが大切である。このことは幼稚園と小学校、そして中学校の道徳科をどうつないでいくかという点でも重要であると思われる。

　授業では、子どもの日常生活の一コマを「粒立てる」という感覚もあるかもしれない。例えば、本書第5章を執筆する中で「幼児期までの経験をつなぐ工夫として、自分が行っていることは何だろうか」と振り返ってみたときに、「この出来事をもう少しみんなで話し合うと子どもたちの道徳性に響いていきそうだな」と教師が感覚的に思ったことや、子どもたちが話し合いたがっているのではないかと感じたことをホワイトボードにさっとメモして子どもたちの見える位置に置いておくことは、子どものこれまでの育ちを大切にしている自分の中での心掛けでもある。本当はその場で時間をかけて話し合えたらよいのだが、決められた授業時間で進行する教科学習の都合があったり、他の先生の授業に遅れないようにしたりする都合があり、すぐには話し合えないことが実際にはある。しかし、せっかくの子どもたちの意見をなかったことにはしたくない。そのため、時間が取れるその時のために出来事を粒立てて、子どもたちの記憶にとどめておけるように配慮している。

　例えば、授業中に発表した子どもが間違えたときに誰かが「えぇ？」と大きな声で言ってしまい、それに傷ついたその子どもが泣き出してしまったという

出来事があった。その時に、ホワイトボードに「えぇ？」とだけ書いておいた。道徳科など、まとまった時間が取れるときに、当時の出来事をもう一度みんなで思い出して、それについて考えるようにしたいと思ったからである。小学校でも日頃から子どもたちの生活と道徳を結び付けることができるようにしている。

2　幼児教育との連続性のある道徳教育 ─ 大人は何を伝えるか？ ─

　幼稚園の一つ目の実践のIちゃんを中心とした出来事への関わりで、教師の「みんなドキドキするときはどうして跳んでるの？」という周りへの働きかけは、小学校教師からみると秀逸だと感じる。幼児教育では心情・意欲・態度を大切にしているが、子どもの心情と意欲に寄り添った働きかけのようにも思う。Iちゃんと保育者との一対一のやり取りにせずに、周りの子どもたちを巻き込みながら、Iちゃんの周りの友達と一緒に跳びたいけど跳べない気持ちを共有し、そこから子どもたちも何かを学び取ろうとしていた。幼稚園では、まさに道徳の学びがリアルタイムで起こっている。小学校や中学校ではどうしても、道徳の学びは道徳科が主となって行う時間になってしまう。しかし、小学校や中学校であっても、授業と日常を結びつけていくことが大事であることを改めて考えさせられた。

　保育者の専門性の一つに、「身体的・状況的専門性（physical and situational expertise）」[1]がある。保育者は、その場で生じている状況や意味を捉え、即応的な専門的な判断を無意識に行っていることが多い。実践を振り返ることでなぜそのように関わったのか、環境にどのような思いを込めているのか等々、環境を通した教育をどのように大事にしているかについて校種を越えて語り合うことで、幼児教育、小学校教育、中学校教育のそれぞれのよさや可能性も明らかになるように思われる。また、教師が子どもとやり取りをしながら、子ども理解を深めていくという過程を大事にする小学校と中学校での教師の関わりは、幼小中で一貫している教師の姿勢でもある。

　子どもにどう関わるか、子どもに何を伝えるか、教師の中には様々なことが

よぎる。幼稚園の実践を振り返ってみると、「Ｉちゃんが友達を待たせるような状態になっていて、どうしようかな」「どうやったら跳ぼうという気持ちになれるかな」「周りの子どもたちはどんな風に感じていくかな」などと考えた末に、「Ｉちゃんは少し頑なになってしまうところがあるが、そのような中でも自分で自分をコントロールしながら踏み出せるようなきっかけになればいい」と思い、「みんなドキドキするときはどうして跳んでるの？」という教師としての言葉が出た。それは、一瞬の感覚であり、即時的になされた判断だった。

Ｉちゃんに対してだからこその声かけをしながら、どこでＩちゃんが気持ちをコントロールできるだろうと、いろいろ言葉を変えながら考えながら関わった。「こういう時にはこうしたほうがいい」というような教師が答えを与える働きかけではなく、Ｉちゃんが周りの友達の声を聞いて、「待ってくれてるんだな」とか「応援してくれてるんだな」などと感じる中で、自ら気持ちを立て直して「やってみようかな」「自分で切り替えてやってよかった」と感じられる経験になってほしいと願っていた。

教師の葛藤は、小学校・中学校で授業をしていても生じるものである。このことは幼稚園の実践の最後にあった「教師の願いを擦り合わせる」ことと大きく関わるように思われる。幼児教育も小学校・中学校の教育でも、教師が「これがいいよね」「こうしなさい」というような価値観の押し付けではなく、一連の出来事をその子どもがどのような経験としていくかをサポートしていた。幼稚園の三つの実践でも、教師が価値観の押し付けとなることは絶対に言わないという強い意志を感じる。しかし、幼児教育に特徴的なのは、その子どもがその出来事をどのようにしまいこんでいくのかは、その子どもの感じるままに任せるという教師の姿勢であるように思われる。小学校ではよく「学びを価値づける」というが、幼児教育をあえていうなら「学びを一緒に喜ぶ」ということかもしれない。

保育者は子どもが感じていることを捉えると、その子どもが感じたであろう気持ちを言語化する。子ども自身が「確かにそうだ、自分はこう思っている」と自分の気持ちを改めて知ったり、曖昧だった気持ちを明確にしたりすること

を大事にしたいと思って声かけをするときもある。子どもがきっとこう思っているだろうと保育者が思って言語化することで、子どもの心の中にすっと入っていくこともある。一方で、この子どもの気付きを少し後押ししたいというときもある。それこそ種まきというか「先生だったらこんなふうに思うなぁ……」と保育者としての気持ちを直接伝えることもある。その時その時で、その子どもの状況を見ながらどう向き合うかということを考えながらやっているのが保育・幼児教育である。人と人としてどのように付き合っていくのか、人間と人間としての関わりを大事にしている。大人は、子どもに自分の考えを押し付けることをともすると簡単にやってしまうことがある。しかし、それは一過性のものでしかないということを改めて考えさせられるのが、幼稚園の実践であった。

　それは基本的に保育者が子どもと関わるときに、「きっとこの子たちは感じてくれる」「気付いてくれる」という何か絶対的な信頼感みたいなものがどこかにあるからかもしれない。「子どもは有能な学び手である」という意識で関わっていることが保育者の根底にある。小学校以上の授業は、幼児教育からみるとどうしても短時間のタイムスケジュールの中で生活しているように見える。そうなると小学校や中学校では、子どもに対してここまでこんなふうに力を引き上げるんだという気持ちを強くもちやすくなり、教師の方で子どもの力を引き上げようという意識が働きやすくなるのではないかと思うことがある。しかし、第6章の実践ではどの校種の教師も共通して「子どもたちに自分で気がついてほしい」という意識をもち、そのスタンスを大事にしていた。それは幼児教育からみてとても嬉しいことであった。

　日常的にあいさつした時のその一回一回の受け止め方でも、子どもたちの感じ方は変わってくるだろう。授業と日常生活の関連は確かにあって、だからこそ知らず知らずの間に、教師が例えば子どもに「6年生なんだから見本になるようにあいさつしようね」と言ったり、論理的にこうだから大事にしようと言ったりせず、「人って素敵だよね」ということを、子どもたちが普段の生活の中で感じてほしいという関わりを大事にしていたのではないだろうか。幼稚園、小学校、中学校を通して、そのことを共通して大事にしているのが感じら

れる実践だった。

　小学校も中学校も時間内で指導事項と関連させながら、単元として扱うことを意識せざるを得ないのが現状である。しかし、価値を教え込むことは「考え、議論する道徳」ではない。児童・生徒が正解主義にとらわれたり、こんなあいさつをすべきだというふうに思い込んだりしてしまわないように教師も常に考えている。中学校の実践は哲学対話であったが、哲学対話をする教師が自ら失敗話を話したり、大人も葛藤していることを伝えたりしている。

　保育・教育という場での「対話」の基本は、やはり子ども理解であり、教師自身の振り返りである。保育・教育という場で共に過ごす子どもたちは、どのように人とつながりたいと思っているのだろうか。保育者・教育者として、自分は子どもに対してどのように人とつながって欲しいと思っているのだろうか。第6章の小学校の実践では、学習を始める前、児童の多くが人とどう関わりたいかまで考えていなかったかもしれない。しかし、考え、議論する授業として、あいさつについて考えることで人との関わりのためにはあいさつが大事だということにどんどん気付いていった。「家に帰ってお兄ちゃんにあいさつをしてみたら、きつい返事が返ってきたことがいやだった」というやり取りを児童の一人が話す。そして、「ひどくないですか？」と言う。そこから、どうして今回こんな風にあいさつが返されてしまったのか、タイミングが悪かったのではないか、あいさつの仕方が悪かったのではないか、あいさつにもう一声つけたらよかったのではないか、という話になっていく。「ひどくないですか？」と言った児童の言葉の裏返しには、「やっぱりあいさつを返してほしかった」という人との関わりを求めるところがあったからではないか。

　授業をしていく中で、児童・生徒が人との関わりが大事だと捉えていく過程には、授業前は予想していなかったことも起きる。教師が子どもとのやり取りを通して子ども理解を深めながら、次につなげていくということが幼児教育と小学校教育、小学校教育と中学校教育とのつながりになっていくようにも思う。子どもとのやり取りを通して「次、こういう質問しようかな」「こういうことは言わないほうがいいかな」という生々しい迷いが教師に生じ、教師がその迷いに向き合うことが大事であるように思われる。教育振興基本計画[2]に、

「マジョリティの変容」という言葉がある。保育・教育という場にいる教師自身も、変容していくことが大事なのである。

　幼稚園の実践資料に「教師は、子どもたちに感じてほしいことや経験してほしいことなどの願いはもちつつも、その願いに子どもたちを合わせたりそれを直接的に伝えたりするのではなく、あくまで子どもたちの内面をつぶさに捉えながら、子どもたちの内面に応じて教師の願いを擦り合わせることを常に意識して関わっている」とある。教師の願いに子どもたちを「合わせる」のではなく、教師の願いを「擦り合わせる」としている。「合わせる」と「擦り合わせる」にはどのような教育的な関わりの違いがあるのだろうか。ここに幼児教育を小学校につないでいく重要なポイントがあるのではないだろうか。

　教師の願いに子どもたちを「合わせる」というのは、教師の意図通りに教師が望んでいる方向に子どもたちをもっていく、引っ張っていくような援助である。一方、「擦り合わせる」というのは、子どもたちの幸せを望みながら、同時に教師の中にもよりよく生きていくために望ましい方向について、一人の人間としての考えをもちながら子どもたちが今どうなりたいのか、どうありたいのか、何を感じているのかということをもっとも大事にする。子どもの思いの方向の中に教師が身を置き、細かく詳細に捉えつつ、「この子にとって、望ましい方向で感じたり学んだりできることはなんだろうか」と考えながら支えていくことが、教師の願いの擦り合わせになっていくのである。

3　理論と実践が往還する道徳教育に向けて

　道徳は「特別の教科 道徳」として教科化され、教科書を使用することを基本とすることですべての教師が実践できる授業になった。それによってある程度固定化され、より広く、経験年数等を問わず、どの教師も実践できてよいという認識がある。一方で、道徳が教科化される前と後で教科書が教科化の目的に適う内容になり、授業が変わったという認識は正直なところ多くの現場にはないように思われる。

　今後の改訂で、「考え、議論する道徳」という方向性がさらに強化されてい

くだろう。校種としての区切りは大人が設けた区切りである。道徳に関する子どもの学びは、子どもの人生においては一つの連続体をなしている。校種間の共通点や相違点を認識し、その上に立脚しながら、子どものウェルビーイングを育む実践を幼小中が構想していくことが重要である。しかし残念ながら、現時点で現場レベルではその波は感じられない。全国的に同じような感覚をもっている教師が大半ではないだろうか。

　幼稚園教育要領や学習指導要領が改訂される度に、理念を現場に浸透させていく難しさがある。改訂に至るまでのプロセスは文部科学省のホームページ等で公開されているが、実践者や養成校教員、保育・教育の研究者がプロセスを追って理解するということがどこまで可能だろうか。

　例えば、教師が「中学生は互いに理解したい、理解してほしいという同調圧力に日常的にさらされている」と捉えているとき、生徒が「互いに理解したい、理解してほしい」と思うのを従来の道徳で言われたような「同調圧力」と捉えてよいのだろうか。社会の中に人間が生まれてくる以上、人間関係のしがらみがある中に生まれてくるという事実がある。その中で「自分もみんなも幸せってなんだろう？」ということを考えることが、「特別の教科 道徳」への教科化であるとした場合、子どもたちが互いに理解してほしいと思うことをネガティブに捉えて授業を行うのが「考え、議論する道徳」なのだろうか。

　道徳科の授業では、人間関係をもっと開いたものにしてはいけないだろうか。例えば、現代の人間関係のやり取りなどについて問い、（中学校の実践で取り入れていた）p4cで対話をしてみるとお互いのことをよく知っていると思っていたが、実は違うことを考えていたことがわかる時がある。子どもたちにはお互いをわかったつもりでいるが、実は違ったというようなことを表現できる場がないのではないかと感じるほどである。道徳の授業として、また、p4cという方法を用いて互いを本音で表現し合える場を意図的に設けない限り、お互いが考えていることを深く理解する機会はないかもしれない。

　中学生は人間関係に加えてアイデンティティの悩みも出てくる時期である。その中で、周りに合わせないといけないことがあることも、もちろん感じているだろう。そういう学校の場で、授業の中で、子どもたちが日頃は表に出せな

いような思いを吐露しながら、お互いに理解を深めていく場になっていくような指導計画立案や授業後の振り返りの方法はないだろうか。小学校でも中学校でも、一斉授業で子どもたちの自分事から遠く離れた発問をしてしまうと、浅い部分で考えることに留まってしまう。お互いに腹を割って話す、本当は何を考えているのかを言える場があるとよい。

　子どもが本音を語り合う場を保障することは、幼児教育から小学校・中学校まで変わらない。例えば、"ごめんね"と言われても許せない気持ち、謝罪されても許せない気持ちをもつことは子どもから大人まで経験しているだろう。しかし、幼児同士では大人の仲介なしにそのような思いを語り合うのは難しい。そのような時に保育者が両者の間に入るだけでなく、あえてクラスみんなで話し合うということがあってもよいだろう。様々なテーマについて自由に話し合う試みは保育でも取り入れられるようになっている（例：こどもかいぎ[3]，サークルタイム[4]）。

　幼小中で「対話」を重視するようになると、「対話をせねばならない」という押し付けになる怖れもある。中学校の哲学対話の実践では「どんな問いが選ばれるかは対話の成否を左右する重要な要素である」とされていた。対話の成否を左右するといった場合の「対話の成否」とは何だろうか。哲学対話をあくまでも子どもの道徳性に働きかける手段として捉えるならば、対話がすぐに終わることがあってもよいのではなかろうか。抽象的な問いに対してたくさん対話をすることもあれば、テーマによっては子どもにとって議論する必要もないくらいすっと落ちたり納得できたりすることがあってもよいのではないか。実践者として、対話がすぐに終わったから哲学対話とはいえないし、対話としては失敗だったという評価は行いたくないという思いがある。

　そうであれば、対話は何の手段だろうか。p4cの実践の根底にあるのは、「対話する」という目的だろう。しかし、道徳性を高めるために対話するとなると、実践者としては矛盾や違和感がある。道徳性を高めるために我々は生活しているわけではない。子どもの様子を見ていると、会話を楽しみ、対話の中で対話が生まれ、その対話の中で考えが深まっていく。対話の中の疑問が解消されなかったとしても、その子どもがずっと考えていける、自分の問いになれば

よいというのが哲学対話を実践していると感じることである。
　「対話が終わってしまう」というのはネガティブな意味ではなく、対話を「続ける」こと自体が目的ではなく、対話を「きっかけ」にして自分の思考がスタートし、それについて考え続ける、自分自身との対話という意味と捉えてはどうだろうか。例えば、哲学対話の中でそういうことが子どもの中に起こっていたら、そういう対話がよいと思うし、対話が成立しているといえるのではないか。対話そのものがそもそも哲学的な行為であり、道徳的な行為であると考えると、子ども自身の対話に対する自己評価が重要になってくるかもしれない。子ども自身による自己評価の観点設定を通して、哲学対話が道徳に果たす役割が鮮明になっていくかもしれない。
　幼稚園・小学校・中学校の校種の違いとして、小中学校における授業という単位時間における子どもとの関わりや教科書を用いた学習の展開、一定の目標設定が求められることが挙げられる。しかし、小学校でも中学校でも道徳科の授業実践では自分はどう思うのか、自分はどう考えるのかということについて、児童・生徒が自ら始めることをとても大事にしていた。子どもたちが互いの考えを共有することで、相手はどう思うのかを知る機会も丁寧に構成されていた。そして、友達の思いや考えを聞き、自分はやっぱりこう考えるというように自分自身に戻ってくることも大事にしていた。そのような過程を通して、子どもたちは自分の価値観を知ったり、築き上げていったりするのだろう。幼児教育でも「自分はどう思う？」と聞いてみたり、「相手はこう思っているみたいだよ」と相手の思いに気付けるようにしたりすることを大事にしている。幼小中の教育を通して、自分自身を大切にすることから始まり、だからこそ他者を大切にする気持ちが生まれることを育んでいるように思われる。

4　今後の課題

　校種の異なる実践者が互いの実践について語り合うことで、子どもたちの日常生活の中から道徳科の学びを立ち上げていく必要性や、子どもに寄り添いながらその瞬間での教師の判断を活かしつつお互いの願いを擦り合わせていく重

要性などを子どもの本音から引き出す道徳を確認した。一つ一つの実践は非常によい道徳としての実践だといえるだろう。しかし、幼小中の実践をつなげて読んだときに、そもそも幼小中の道徳教育の連続性や校種間接続を必要とする意義は何だろうか？　という疑問も読者には生じてしまうのではなかろうか。

　そして、この疑問は幼小中の道徳教育の連続性や校種間接続を考える上で、常につきまとうものかもしれない。この疑問を解消する一つの方法は実践者である教師が何をもってどういう実践をし、どういう成果を感じたのか、さらには、どういうことが子どもたちの道徳の深まりにつながったと思うかという教師なりの省察と自己評価かもしれない。子どもが価値観を揺らしながら、「自分はこう考えたけれど、あの子はどうだったのかな」と考えることはもちろん大事である。しかし、やはりそこで教師自身も一緒に揺れる、常に自分自身に問いかける、そして自身の揺れを言語化するために省察することなくして、校種を越えた道徳教育の語り合いは難しいかもしれない。

　また、保育・教育の目的として示されていることは、園・学校以外の生活のみでは身に付かないものと考えられているからこそ、わざわざ園・学校での教育としての実践が求められるのである。つまり、ウェルビーイングや、道徳教育の４つの視点（「A 主として自分自身に関すること」「B 主として他の人とのかかわりに関すること」「C 主として自然や崇高なものとのかかわりに関すること」「D 主として集団や社会とのかかわりに関すること」）は、園・学校以外で生活しているだけでは身に付かないと考えられていることである。なぜ、保育・教育において、領域人間関係と道徳科が必要なのか。園・学校という場だからこそできる経験や、子どものウェルビーイングにつながる経験を保障するとはどういうことなのだろうか。

　園・学校に通わなくても身に付くのであれば、保育・教育で実践する必要はない。当たり前のように見えることをなぜ園・学校の中でやらないといけないのかを考え、議論することも保育者・教育者としての専門性であろう。すべての子どもの豊かな人生を支えるために、幼小中を見通す広い視野で道徳教育について考え、議論し、実践し、省察していく循環を絶やさないことが、今後の保育者・教育者に求められる。章末のワークシートで（1）と（2）の課題を

さらに考えてみよう。

■ワークシート

（1）小学校および中学校の道徳科の授業として、あいさつをしない生活を送ってみるとどうなるか、あいさつのない生活が自分の生活の質を上げるのか否かということについて考え、議論する指導計画を立案しなさい。また、立案した指導計画について、模擬授業をしてみよう。

（2）ある地域では、幼稚園等の幼児教育施設・小学校・中学校が交流できる距離にあるが、今まで幼児・児童・生徒が集う活動がなかった。そこで、初めて幼児・児童・生徒が共に集い、年齢や施設・校種を越えた交流活動を企画することになった。

　交流の目的は、道徳性の育ちをつなぐことである。幼児教育施設・小学校・中学校、それぞれの保育者役や教師役になり、幼児・児童・生徒の発達の視点や領域「人間関係」を踏まえた道徳教育の視点などを含めて、どのような交流活動を計画するか考えてみよう。さらに、保育者役・教師役となって話し合う模擬企画会をやってみよう。

【ヒント：模擬企画会に向けて】

　幼小中の交流活動を考える前に、幼小、小中、幼中に絞った交流活動の企画を考えることから始めてもよいだろう。ただし、小学生と幼児、中学生と小学生、中学生と幼児の関係が「してあげる－してもらう関係」になっていると、その関係がさらに固定化してしまう。年長者主導の交流ではなく、どの施設・校種であってもすべての子どもが主体となるようにしよう。

<付記>
本章は、オンライン振り返りの司会を行った友永が語り合いの文字起こしデータをまとめ、振り返り参加者が各自の発言内容を確認した後、編者（伊藤）により再構成したものである。

<注>
1）古賀松香『保育者の身体的・状況的専門性：保育実践のダイナミック・プロセスの中で発現する専門性とは』萌文書林 2023年
2）文部科学省「教育振興基本計画（閣議決定）」令和5（2023）年6月16日 https://www.mext.go.jp/content/20230615-mxt_soseisk02-100000597_01.pdf（最終アクセス日2024年11月25日）
3）豪田トモ（著）・成川宏子（監修）『「こどもかいぎ」のトリセツ：すぐできる！　対話力を育む保育』中央法規 2023年
4）大豆生田啓友・豪田トモ『子どもが対話する保育「サークルタイム」のすすめ』小学館 2022年

<参考文献>
伊藤理絵・友永達也・宮本誠一郎「TEMを活用した実践者と研究者による協働的な教材開発の検討」『常葉大学保育学部紀要』11 pp.93-104 2024年
文部科学省『幼稚園教育要領（平成29年告示）解説』2018（平成30）年
文部科学省『小学校学習指導要領（平成29年告示）解説　特別の教科 道徳編』2017（平成29）年
文部科学省『中学校学習指導要領（平成29年告示）解説　特別の教科 道徳編』2017（平成29）年

索引

【あ行】

いじめ　13, 14, 44, 45, 46, 49, 51, 57, 58, 66
印象操作　50, 53, 66
ウェルビーイング　i, ii, 2, 9, 10, 47, 60, 66, 68, 82, 108, 133, 159, 168, 171
失われた30年（間）　42, 47

【か行】

学習指導要領　19, 37, 39, 41, 43, 86, 93, 95, 96, 98, 99, 101, 106, 108, 110, 112, 145, 146, 150, 168
学制　30, 31, 47
格率　7
学校化社会　46, 47
考える道徳　25, 27, 108
寛容　64, 65, 67, 72
規範意識　50, 76, 77, 90, 110, 114
規範意識の芽生え　74, 76, 79
教育者の役目　53
教育勅語　32, 33, 37
教育ニ関スル勅語（「教育勅語」）　32
協力　12, 27, 59, 60, 61, 71, 76, 82, 87, 112
経験　9, 11, 26, 37, 38, 48, 52, 57, 59, 64, 70, 77, 83, 84, 85, 87, 96, 107, 111, 112, 114, 117, 124, 129, 132, 134, 135, 139, 143, 162, 164, 167, 169, 171
校種間接続　171
心の理論　54, 63, 64, 66, 72
子どもの主体性　156
子ども理解　85, 166

子ども理解に基づく（いた）評価　79, 85, 86
コミュニケーション行為　22, 23

【さ行】

最大多数の最大幸福　4, 5, 6, 7, 10, 20
思考　6, 8, 10, 11, 18, 25, 26, 27, 30, 31, 32, 52, 56, 58, 59, 62, 63, 68, 81, 83, 89, 99, 107, 111, 113, 144, 154, 161, 170
実行機能　63, 66, 67, 68, 72
指導計画　68, 70, 83, 84, 85, 93, 95, 96, 97, 98, 169, 172
社会科　36, 37, 39
社会的領域理論　58, 62, 65, 66
修身　35, 36
修身科　31, 32, 33, 35, 36
主体性　155, 159
小学校学習指導要領　14, 73, 78, 79, 93, 94, 173
常識　32, 52, 53, 58
進歩主義　155, 156
生活　i, 12, 14, 15, 22, 28, 32, 33, 37, 38, 39, 40, 41, 48, 49, 50, 51, 52, 55, 57, 58, 59, 61, 62, 67, 74, 76, 79, 81, 82, 83, 84, 85, 87, 88, 92, 95, 97, 107, 108, 109, 110, 111, 112, 114, 132, 134, 136, 139, 143, 152, 155, 161, 162, 163, 165, 169, 170, 171, 172,
生活経験　85
世界への責任　156, 157, 158
全体主義　25, 26, 40
全面主義　37

【た行】

体感治安の悪化　50
中学校学習指導要領　67, 73, 78, 79, 92, 148, 150, 154, 173
強い自分　53
敵の存在　51
道徳基盤理論　56
道徳強化　51
道徳性・規範意識の芽生え　78, 81, 82, 88, 92, 110
道徳性の芽生え（道徳性の「芽生え」）　14, 15, 74, 75, 76, 77, 79, 110, 111, 112
道徳的感情　55, 59, 68, 71
道徳的判断　9, 17, 55, 56, 57, 59, 60, 62, 63, 64, 66, 68, 71, 111
道徳的芽生え　111
徳　i, 1, 3, 43, 45, 47, 147
徳育　31, 32, 74
徳性　2, 3, 4, 8, 9
特別の教科　25, 145
特別の教科 道徳（特別の教科である道徳）　i, 14, 19, 42, 43, 46, 47, 67, 73, 78, 79, 92, 93, 110, 148, 150, 154, 167, 168, 173
徳目　32

【な行】

認知（の）構造　15, 18, 64
認知発達理論　55, 56, 60

【は行】

発達段階説　15, 17
母親への愛着　9
ハンナ・アレント　25, 28, 155
p4c　144, 145, 146, 148, 150, 152, 153, 168, 169
評価　8, 17, 20, 38, 48, 59, 69, 83, 84, 85, 86, 87, 93, 98, 99, 100, 101, 102, 103, 105, 106, 107, 108, 150, 153, 154, 160, 169, 170, 171

【ま行】

3つの資質・能力　79, 83, 110
目標と内容　93
問題化　44, 50, 51, 53, 155

【や行】

ユーダイモニア　3
幼児教育との連続性　163
幼稚園教育要領　62, 68, 73, 74, 77, 78, 79, 83, 84, 85, 87, 92, 110, 111, 113, 168, 173

【ら行】

領域特殊理論　18, 21, 57, 58
領域人間関係（領域「人間関係」）　i, 74, 78, 81, 83, 86, 87, 110, 172
理論と実践の往還　159
連続性　68, 78, 79, 83, 87, 89, 110, 113, 159, 171

執筆者紹介

伊藤理絵（いとう りえ）
　　常葉大学保育学部 准教授
　　『笑いの攻撃性と社会的笑いの発達』渓水社 2017 年
　　（共著）『主体としての子どもが育つ 保育内容「人間関係」』北大路書房 2024 年
　　第 3 章、第 4 章、第 7 章担当

大倉健太郎（おおくら けんたろう）
　　武庫川女子大学学校教育センター 教授
　　（共著）Inventing the Modern Self and John Dewey, Palgrave-Macmillan, 2005.
　　（共著）American Post-Conflict Educational Reform, Palgrave-Macmillan, 2009.
　　はじめに、第 1 章担当

堤 ひろゆき（つつみ ひろゆき）
　　上武大学ビジネス情報学部 准教授
　　「六週間現役兵制度における資格要件の運用—「一般兵役の原則」からの逸脱に注目して—」（『史学雑誌』第 133 編第 11 号、2024 年 11 月）
　　（共著）『日記文化から近代日本を問う—人々はいかに書き、書かされ、書き遺してきたか—』笠間書院、2017 年
　　第 2 章 1・2、第 7 章担当

村松　灯（むらまつ とも）
　　帝京大学宇都宮キャンパスリベラルアーツセンター 講師
　　（共著）村松灯・渡邉優子編著『「未来を語る」高校が生き残る—アクティブラーニング・ブームのその先へ—』学事出版 2019 年
　　（共著）古屋恵太編著『教育の哲学・歴史』学文社 2017 年
　　コラム 1、コラム 5 担当

濱嶋幸司（はまじま こうじ）
　　環太平洋大学次世代教育学部 講師
　　（共著）浅野智彦編『検証・若者の変貌』勁草書房 2006 年
　　「キャンパスライフと学生の成長」『高等教育研究』24 2021 年
　　第 2 章 3、第 5 章 5（1）・6、第 7 章、コラム 2 担当

執筆者紹介

無藤　隆（むとう たかし）

　　白梅学園大学 名誉教授
　　幼稚園教育要領の平成29年告示では、文部科学省中央教育審議会委員・初等中等教育分科会教育課程部会長として「学習指導要領」「幼稚園教育要領」の改訂に携わり、幼保連携型認定こども園教育・保育要領の改訂でも検討会座長として携わった。
　　近刊『愛と知の循環としての保育―世界を愛することを学ぶ』北大路書房
　　コラム3、コラム4担当

友永達也（ともなが たつや）

　　神戸大学附属小学校 教諭
　　『1回10分！トークタイムできく力を育てる ストラテジック・リスニング』明治図書 2020年
　　『対話を深め・問う力が育つ質問力アクティビティ40』東洋館出版社 2025年
　　第5章1～4・5（2）、第6章、第7章担当

岸本達也（きしもと たつや）

　　神戸大学附属中等教育学校 教諭
　　第6章3、第7章担当

畠野創一郎（はたの そういちろう）

　　私立甲南小学校 教諭
　　第6章2、第7章担当

田中孝尚（たなか たかなお）

　　神戸大学附属幼稚園 園長・副園長　神戸大学附属小学校 校長
　　（共著）無藤 隆・古賀松香・岸野麻衣編著『「愛と知の循環」としての保育実践　多様で豊かな世界と出会い，学び，育つ』北大路書房 2025年
　　（共著）汐見稔幸・大豆生田啓友監修　大豆生田啓友・北野幸子・砂上史子編著『アクティベート保育学06　保育内容総論』ミネルヴァ書房 2025年
　　第6章1、第7章担当

浅原麻美（あさはら あさみ）

　　神戸大学附属幼稚園 教諭
　　（共著）文部科学省『指導と評価に生かす記録』チャイルド社 2021年
　　第6章1、第7章担当

小園佳歩（こぞの かほ）
    神戸大学附属幼稚園 教諭
    （共著）北野幸子編著『新保育ライブラリ　保育の計画と評価』北大路書房 2021 年
    第 6 章 1、第 7 章担当

松本法尊（まつもと のりたか）
    神戸大学附属幼稚園 教諭
    （共著）北野幸子編著『新保育ライブラリ　保育の計画と評価』北大路書房 2021 年
    （共著）無藤 隆編著『幼児期の終わりまでに育ってほしい 10 の姿』東洋館出版社 2018 年
    第 6 章 1、第 7 章担当

吉田紘子（よしだ ひろこ）
    神戸大学附属幼稚園 教諭
    （共著）北野幸子編著『新保育ライブラリ　保育の計画と評価』北大路書房 2021 年
    第 6 章 1、第 7 章担当

齋藤 肇（さいとう はじめ）
    イラストレーター
    第 1 章のイラスト担当

■編著者紹介

伊藤理絵
　常葉大学保育学部 准教授
　白梅学園大学院博士課程修了 博士（子ども学）

大倉健太郎
　武庫川女子大学学校教育センター 教授
　ウィスコンシン大学マディソン校大学院教育政策研究科博士課程修了 Ph.D.

堤ひろゆき
　上武大学ビジネス情報学部 准教授
　東京大学大学院教育学研究科博士課程単位取得満期退学 修士（教育学）

領域人間関係と道徳教育 ─子どものウェルビーイングを目指して─

2025 年 4 月 25 日　初版第 1 刷発行

- ■編　著　者 ── 伊藤理絵・大倉健太郎・堤ひろゆき
- ■発　行　者 ── 佐藤　守
- ■発　行　所 ── 株式会社 大学教育出版
　　　　　　　〒700-0953　岡山市南区西市 855-4
　　　　　　　電話 (086) 244-1268　FAX (086) 246-0294
- ■印刷製本 ── モリモト印刷㈱

© Rie Ito & Kentaro Ohkura & Hiroyuki Tsutsumi 2025, Printed in Japan

検印省略　　落丁・乱丁本はお取り替えいたします。
本書のコピー・スキャン・デジタル化等の無断複製は、著作権法上での例外を除き禁じられています。本書を代行業者等の第三者に依頼してスキャンやデジタル化することは、たとえ個人や家庭内での利用でも著作権法違反です。本書に関するご意見・ご感想を右記サイトまでお寄せください。

ISBN978-4-86692-368-0